LA NUEVA ERA DE LA MODA

La guía definitiva para la moda emergente

Nuria Neira

La nueva era de la moda
La guía definitiva para la moda emergente

1ª Edición: Noviembre 2021

Editorial
Felinu Books

Textos
Nuria Neira

Maquetación
Álvaro Pérez

Diseño de la Portada
Araceli García

Correcciones
Miriam Arias
Helena Rojas

Copyright © 2021 Felinu Books

Todos los derechos reservados
ISBN: 9798496603331
Depósito Legal: AL-3373-2021

Reservados todos los derechos. Queda rigurosamente prohibida, sin la autorización escrita de los titulares del copyright, bajo las sanciones establecidas en las leyes, la reproducción parcial o total de esta obra por cualquier medio o procedimiento, incluidos la reprografía y el tratamiento informático, así como la distribución de ejemplares mediante alquiler o préstamo públicos.

Contacto: info@nurianeira.com

A mis padres, mi hermano y mis abuelos.

A Erik, por su apoyo incondicional.

La nueva era de la moda

ÍNDICE

Prólogo por Paloma G. López — 7

Introducción: La nueva era de la moda: La guía definitiva para la moda emergente — 11

Sobre la Autora — 17

Capítulo 1. Cocinando una marca de moda emergente — 19

Capítulo 2. La voz del Retail Multimarca — 75

Capítulo 3. De la Creatividad al Negocio: Con Ginger & Velvet — 91

Capítulo 4. La nueva era de la moda. Por Paloma G. López — 99

Capítulo 5. Marcas Abanderadas por la Sostenibilidad — 111

Capítulo 6. En primera persona: Proyectos y Almas — 117

Historia de una portada — 135

Agradecimientos — 139

Créditos de las fotografías — 140

Bibliografía — 144

La nueva era de la moda

Prólogo

La nueva era de la moda
Por Paloma G. López

No sé si es muy común, pero, en mi vida, durante mucho tiempo, tuve más claro lo que no quería que lo que quería, y una de las cosas que no quería bajo ningún concepto era coser. Lo había vivido muy de cerca, y mi madre se ocupó personalmente de que no lo considerara una opción laboral, insistiendo en que me dedicara a otra cosa, resistiéndose a enseñarme a manejar la máquina de coser. De este modo, opté por curiosear el mundo y dedicarme a juntar palabras. Me licencié en Periodismo.

Pero la vida es curiosa, fluye misteriosamente, y nos recuerda constantemente de dónde venimos para, en algún punto, mostrarnos el lugar exacto en el que encajen todas las piezas. Eso mismo me ocurrió a mí.

Un día, empezaron a encajar todas esas piezas, y mi conciencia, mi formación y mi experiencia, junto a mi tradición familiar, se unieron en el año 2014, como si de una conexión cósmica se tratase, provocando una especie de Big Bang personal que dio como resultado The Circular Project, el primer espacio multimarca de Madrid, especializado en moda sostenible, circular y ética. Un proyecto que ha conseguido convertirse en referente por su peculiar manera de hacer moda sostenible y comunicarla de una forma coherente.

Este fue el escenario en el que Nuria y yo nos conocimos. Una mañana, la autora del libro que hoy tienes entre las manos, apareció por allí para conocerme y saber más del proyecto. Ni ella, ni yo, sabíamos lo que la alineación planetaria de ese día nos estaba regalando.

Richard Linklater, reputado cineasta, en su trilogía "Before", protagonizada por Julie Delphy y Etham Hawke, en un momento dado, les hace decir a sus protagonistas: "Cuando eres joven crees que habrá muchas personas con las que conectes, más tarde, en la vida, te das cuenta de que eso sucede pocas veces". Efectivamente. Ese día fue una de esas veces. Supongo que es una frase aplicable tanto a la vida personal, como a la laboral, y también para aquello para lo que hemos nacido.

Conectar con algo o alguien es complicado, y más aún mantenerlo en el tiempo. Nuria y yo nos entendimos muy bien desde el primer momento, a pesar de que cuando llegó no la atendí muy amablemente, pues me encontró en medio de una crisis. De alguna manera nos dimos cuenta de que nuestros trabajos se complementaban, así como nuestra manera de abordarlos. Nos reconocimos en una mirada común.

Por eso mismo, cuando me invitó a participar en este libro, no lo dudé, no solo por lo ilusionante del proyecto, sino porque de esta manera la complementariedad de la que hablo se iba a traducir en palabras que hoy ponemos a tu disposición.

La moda está viviendo un momento único por su transcendencia en términos climáticos, industriales y sociales.

Ambas supimos ver, desde hace años, hacia dónde se iba encaminando el sector; a las dos, además, nos empuja un claro posicionamiento medioambiental. Nuestras posturas se encontraron, en el caso de Nuria, desde la denominada moda slow, pequeñas marcas o pequeña escala, y en el mío, desde la sostenibilidad, la circularidad y la regeneración de la industria.

Durante estos años de estrecha colaboración nos hemos ido encontrando, acercando posiciones y, a un ritmo constante y pausado, hemos ido creciendo y evolucionando juntas. Si lo hemos hecho bien, descubrirás el resultado en este libro que tan bien ha sabido redactar su autora.

A lo largo de las páginas de *La nueva era de la moda* se ofrece una visión conjunta del momento actual por el que la ropa vuelve a lo que nunca tuvo que dejar de lado: la producción de cercanía, el comercio local, el contacto directo con la modista, diseñadora o el taller, y al mismo tiempo, las claves para su gestión eficaz, gracias al generoso trabajo recopilatorio de su autora.

Nuria es la inteligencia puesta a trabajar. Pocas veces, en mi experiencia laboral, he conocido a alguien tan tenaz, perseverante y lúcida como ella. Con el tiempo, ha sabido domar toda esa fuerza interior para hacer más precisos sus pasos, hasta convertirse en una de las mejores expertas en retail y moda emergente que actualmente existen en España.

A la suma de fuerza y precisión se une además otra cualidad, quizá la más importante y difícil de encontrar cuando hablamos de negocios, y es una bondad en constante búsqueda de la equidad y el equilibrio.

Para mí, es un privilegio compartir camino con ella, y estoy segura de que este libro será una herramienta imprescindible para quien quiera conocer el momento actual que vive la moda o para quien esté pensando en dedicarse profesionalmente a ella.

PALOMA G. LÓPEZ

Directora de la CSFWM - Circular Sustainable Fashion Week Madrid.

CEO Fundadora de The Circular Project.

Presidenta de SIC - Asociación Española para la Sostenibilidad, la Innovación y la Circularidad en la Moda.

Introducción

La saturación de marcas robot, la falta de personalidad y la pérdida de valor han provocado una notable reacción en el consumidor y en la oferta. Llamémoslo reacción, provocación, revolución o tendencia.

Entre las marcas del Fast Fashion y las marcas del lujo existe una amplia franja intermedia, donde las propuestas emergentes tienen su hueco.

Ofrecer una propuesta de valor diferente, una ética, una historia de marca que enamore, conocer qué canales se deben abordar, conectar con tu público y construir una estrategia comercial rentable, orientada a tener una rotación y beneficio lo más alto posible, son aspectos imprescindibles para que las marcas emergentes puedan arrancar, sobrevivir y triunfar.

Hoy en día, el nuevo lujo está en este tipo de proyectos, donde la sostenibilidad, los pequeños detalles y el trabajo artesanal nos ofrecen una experiencia de compra única, total, integrada y llena de emociones.

La nueva era de la moda ya está aquí, y ha llegado para quedarse.

Las nuevas formas de abrazar la cadena de valor de un

proyecto de principio a fin nos da a todos la oportunidad de hacer que la moda, ahora más que nunca, se convierta en portavoz y ejemplo de una simplicidad elegante.

"Para lograr vivir una vida de simplicidad elegante es importante prestarle atención a tres ámbitos de la existencia: nuestra tierra, nuestra alma y nuestra sociedad" (Simplicidad Elegante-Satish Kumar)

Durante estos últimos cinco años he tenido la suerte de poder acompañar en el camino a más de cuarenta marcas de moda y belleza emergentes, construyendo, gestionando y activando sus proyectos. Un recorrido vital de enriquecimiento, rodeada de mentes y experiencias maravillosas.

Este libro es fruto del aprendizaje, de los éxitos y los fracasos, pero, sobre todo, es una ventana abierta, una mano amiga y una inyección de esperanza e ilusión. A lo largo del mismo, mi visión se completa con testimonios y entrevistas a grandes expertos del sector a los que admiro enormemente.

Este manual no está únicamente dirigido a cualquiera que decida construir un proyecto de moda o se halle ya sumergido en él, sino también a los amantes y admiradores de la moda que va renaciendo día a día, lenta y responsablemente.

La nueva era de la moda no es solo una guía de apoyo y acompañamiento, es la voz de un sector que vive momentos de cambio, que afronta el futuro con fuerza y confianza. Es una llamada a la acción, un "tomar parte activa" de lo que viene.

Espero que disfrutes de cada página tanto como yo he disfrutado de este viaje.

La moda es expresión,

es bienestar,

es compañía,

es arte.

La moda requiere de una gran responsabilidad,

todos los que trabajamos en ella la tenemos,

nunca lo olvidéis.

La autora en la presentación y firma de su primer libro.

Septiembre 2019

Fotografía de Jorge Piñuela @jorgepinuela

Sobre la autora

Nuria Neira es Licenciada en Derecho por la Universidad San Pablo CEU, Máster en Práctica Jurídica por la Universidad Pontificia Comillas, y Máster en Dirección de Marketing y Comunicación en el Instituto de Directivos de Empresa IDE-CESEM.

Durante 12 años dirige departamentos de Trade Marketing y Formación en firmas del sector cosmético como PUPA Milano y BOURJOIS.

En 2016 funda su propia consultora especializada en servicios de marketing, comunicación y distribución estratégica para proyectos emergentes y sostenibles de moda y belleza, siendo la primera consultora en España especializada en este tipo de proyectos.

En estos últimos 5 años ha acompañado e impulsado a más de 40 marcas españolas de moda y belleza.

Además, desde hace 9 años ejerce como docente en las áreas de marketing y comunicación para varias escuelas de negocio e imparte formaciones personalizadas e in company.

A lo largo de los últimos 20 años ha publicado numerosos artículos para plataformas especializadas en marketing, moda y belleza, siendo la comunicación una de sus pasiones.

Desde el año 2020 forma parte del Comité de Organización de la CSFWM (Circular Sustainable Fashion Week

Madrid).

En septiembre 2019 publica su primer libro Oratoria Experiencial: Conecta con tu público y sus emociones (Editorial RA-MA).

La nueva era de la moda: la guía definitiva para la moda emergente es su segundo libro.

@nurianeiraconsulting

www.nurianeira.com

Capítulo 1
Cocinando una marca de moda emergente

Del latín Emergere, aquello que brota, que surge de la superficie, de limitada historia y grandes posibilidades de crecimiento.

La moda emergente alimenta nuestros tiempos y marca los cambios.

Proyectos que nacen para permanecer, y otros que generalmente, por una gestión errónea, tanto empresarial como emocional, se quedan por el camino.

Desde que decidí iniciar una nueva etapa profesional, tuve claro que las ideas hay que materializarlas, y las que no son posibles, mejor olvidarlas y no perder tiempo ni desgaste psíquico en ellas. En este recorrido de acompañamiento puedo confirmar que no hay marcas mejores o peores, sino buenas ideas bien gestionadas por personas que son eficaces, que poseen disciplina, flexibilidad y adaptación, tres cualidades fundamentales en un emprendedor que, junto con la apertura hacia las críticas constructivas y el dejarse asesorar, hacen que sus proyectos arranquen, sobrevivan y triunfen. Porque aquel que consigue sus objetivos y alcanza sus sueños, es el que aprende de sus experiencias y camina bien acompañado.

Vivimos tiempos propicios para las propuestas emergentes, tiempos de cambio, en los que contamos con el apoyo del consumidor, ávido de novedades, donde la moda ya no es solo moda, es experiencia y bienestar, con beneficios emocionales que pesan mucho más que los funcionales. Las propuestas emergentes no hacen solo moda, construyen filosofías de acompañamiento diario, entran a formar parte de la vida de su comunidad.

Desde el aprendizaje y la experiencia en mi labor como consultora, he observado fallos que se repiten una y otra

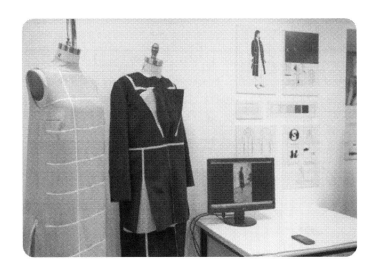

vez en, prácticamente, todas las marcas nuevas de moda que emergen. Buenos productos, buenas calidades, buen branding, a veces buena activación digital, pero muy poca o nula visión real del negocio, del funcionamiento de la cadena de valor y, sobre todo, sin conocimiento de los códigos de diálogo, gestión y supervisión de los canales de distribución, la gran laguna de los diseñadores emergentes.

Y yo me pregunto una y otra vez: ¿De qué nos sirve una buena colección si no conseguimos vender? El sell out lo es todo, si no vendemos nos desmoralizaremos, nos hundiremos y no sobreviviremos. Hay tanto desconocimiento que me sigue asombrando. Un diseñador tiene que crear, diseñar y focalizarse en su crecimiento profesional, pero igualmente debe conocer ciertos aspectos fundamentales de la fase de activación de su proyecto pese a que otros lo gestionen en su lugar. Aunque, obviamente, hay que acudir inteligentemente a expertos y especialistas que nos ayuden, debemos tener una visión global y estratégica de nuestro negocio. No somos solo diseñadores, somos los General Manager de nuestro proyecto y, como tales, tenemos que ejercitar dichas habilidades directivas. Encerrarnos en una burbuja no ayuda.

Por ello, mi consejo es dejarse guiar en las fases de construcción, activación y gestión del proyecto, considerando las seis recomendaciones del **MME (Manifiesto de Moda Emergente)** fundamentales para arrancar, sobrevivir y triunfar en los tres primeros años de vida de nuestra marca.

Manifiesto de Moda Emergente

1. Producto "NO REGISTRADO"

En un sector vertiginoso y competitivo como es la moda, investigar y planificar de manera estratégica resulta primordial para construir, activar y gestionar un camino viable. La investigación previa nos servirá también para gestar lo que yo denomino un "producto no registrado", aquel que sea diferente y único desde la vertiente del tejido, el patronaje, la comunicación y los valores.

Hoy en día tener un producto no registrado para una marca de moda emergente garantiza oportunidades.

Debemos evaluar el estado del mercado, conocer las nuevas tendencias, analizar en detalle a nuestra posible competencia y anticiparnos en la medida de lo posible a los cambios que vengan. Sin un trabajo previo que incluya todo esto, una marca de moda emergente no debería de iniciar su andadura. Muchos proyectos fracasan por no haber completado esta fase previa de manera correcta, o por ni siquiera haberla desarrollado.

Estudiar el mercado implica recopilación, análisis e interpretación de las dos **TS (Tamaño de Mercado y Tendencias)** y las dos **CS (Competidores y Consumidores)**.

Aquí, distinguiremos entre lo que se conoce como **Investigación Primaria** e **Investigación Secundaria**.

Investigación Primaria

Es una combinación de investigación cualitativa y cuantitativa. La investigación de mercado primaria es un proceso en el que las organizaciones o empresas se ponen en contacto con los consumidores finales, o bien emplean a un tercero para llevar a cabo estudios relevantes a la hora de recopilar datos.

Al realizar una investigación primaria se pueden reunir dos tipos de información: exploratoria y específica. En la investigación de mercado exploratoria se investiga un problema haciendo preguntas abiertas en formato de entrevista detallada, y es llevada a cabo, normalmente, con un pequeño grupo de personas también conocidas como muestra. En este tipo de investigación, el tamaño de la muestra puede ser de seis a diecinueve miembros.

La investigación específica, por otro lado, es más precisa y se utiliza para resolver los problemas identificados por la investigación exploratoria.

Como se mencionó anteriormente, la investigación primaria es una combinación de investigación de mercado cualitativa e investigación de mercado cuantitativa. El estudio cualitativo de investigación de mercado incluye datos semiestructurados o no estructurados, recopilados a través de algunos de los métodos de investigación cualitativa, utilizados comúnmente, como por ejemplo:

- *Grupos focales:* Un *focus group* es uno de los métodos de investigación cualitativa más utilizados. El grupo de enfoque es un pequeño grupo de personas (6-10) que generalmente responden a las encuestas en línea que se les envían.

    La mejor parte sobre los grupos de enfoque es que la información se puede recopilar de manera remota, es decir, se puede hacer sin interactuar personalmente con los miembros del grupo. Sin embargo, este es un método más costoso, ya que se utiliza para recopilar información más compleja.

- *Entrevista cara a cara:* como su nombre lo sugiere, este método de investigación cualitativa implica una interacción personal en forma de entrevista.

    El investigador hace una serie de preguntas para recabar información o datos de los encuestados. Este método depende en gran medida de la capacidad y experiencia del entrevistador para hacer preguntas que provoquen respuestas correctas.

- *Investigación etnográfica:* este tipo de investigación a fondo se lleva a cabo en el entorno natural de los encuestados. Este método requiere que el entrevistador se adapte al entorno natural de los encuestados, que podría ser o bien una ciudad o un pueblo remoto.

    Las restricciones geográficas pueden ser un factor que obstaculice la realización de este tipo de investigación.

La investigación cuantitativa es utilizada por las organizaciones para llevar a cabo investigaciones de mercado, estructuradas mediante el uso de encuestas en línea, cuestionarios, etc., obteniendo información estadística para tomar decisiones informadas.

Los investigadores tienden a utilizar plataformas de encuestas así como también la tecnología para estructurar y diseñar sus encuestas, y así obtener la mayor cantidad de respuestas por parte de la muestra.

A través de un mecanismo bien estructurado, los datos pueden ser recopilados y transmitidos fácilmente. Gracias a esto, se pueden tomar las medidas necesarias con dicha información.

Investigación Secundaria

A diferencia de la investigación primaria, la investigación secundaria utiliza información organizada por fuentes externas, como pueden ser agencias gubernamentales, medios de comunicación, cámaras de comercio, etc. Esta información se publica en periódicos, revistas, libros, sitios web de empresas, agencias gubernamentales, etc. Las fuentes secundarias hacen uso de lo siguiente:

- *Fuentes públicas:* las fuentes públicas, como la biblioteca, son una forma increíble de recopilar información gratuita. Las bibliotecas gubernamentales, generalmente, ofrecen servicios gratuitos y, por supuesto, un investigador puede documentar cualquier información disponible.

- *Fuentes comerciales:* estas son muy confiables, pero lamentablemente son costosas. Los periódicos locales, las revistas, los diarios y los medios de televisión son excelentes fuentes para recopilar información.

- *Instituciones educativas:* aunque no es una fuente muy popular para recopilar información, la mayoría de las universidades e instituciones educativas son una fuente de información abundante, ya que muchos proyectos de investigación se llevan a cabo ahí, más que en cualquier otro sector empresarial.

¿Por qué es tan importante la investigación de mercado?

La importancia de la investigación de mercado radica en que al realizar dichos estudios, las empresas podrán encontrar formas más eficaces de lograr la satisfacción del cliente, reducir su rotación y elevar los ingresos de los negocios.

Estas son las razones por las que la investigación primaria y secundaria es importante y no debe ser ignorada.

- Proporciona información y oportunidades sobre el valor de los productos existentes y nuevos, por lo tanto ayuda a planificar y crear estrategias.

- Ayuda a determinar lo que los clientes necesitan y desean. El *marketing* se centra en el cliente, en conocerlo y entender a fondo sus necesidades.

- Al comprender las necesidades de los clientes, también se pueden pronosticar la producción y las ventas.

La investigación de mercado es una herramienta vital para mantenerse por delante de la competencia.

Fuente: Question Pro 2021

Las tendencias de la moda

Estar al día de las tendencias pasadas, presentes y futuras es un elemento esencial para construir un "producto no registrado".

Los proveedores de tejidos y las agencias de predicción de colores son piezas claves para conocer lo que está por venir .

Existen agencias especializadas en analizar y predecir tendencias, además de ofrecernos información muy valiosa sobre el consumidor. Suelen ofrecer este elenco de servicios:

Inteligencia de mercado: es la información o datos que una organización obtiene de la industria en la que opera, con el objetivo de determinar la segmentación, la penetración, las oportunidades y las métricas existentes. Este concepto es vital para entender el estado del mercado y para recopilar información inteligente sobre la competencia:

- **Comportamiento del consumidor**
- **Tendencias globales**
- **Análisis de las pasarelas**
- **Predicciones sobre los tejidos de moda o sobre nuevos tejidos**
- **Tendencias de color**
- **Estilismo**

Diferencias entre moda y tendencia

Moda

La moda tiene una duración breve, asciende y desciende de manera vertiginosa. Es la utilización masiva de una idea durante una ventana de tiempo corta.

La moda, generalmente, tiene lugar dentro de la sociedad, en una región o en un país, y puede llegar a extenderse por todo el globo. La moda también puede reflejarse en la forma de actuar así como en los comportamientos de las personas.

Tendencia

La principal diferencia entre moda y tendencia es la duración. En sus primeras fases, la tendencia se inicia lentamente y con escasa aceptación. Con el paso del tiempo, va tomando impulso hasta llegar a su punto más álgido en el que, o bien se debilita y desaparece, o por el contrario sigue su ascenso y sobrevive, convirtiéndose en un clásico atemporal.

Moda	Tendencia
Utilización masiva de una idea que predomina durante un periodo corto de tiempo.	Idea que tiende a volverse de uso común y que predomina durante un período más largo de tiempo.
Es cualquier cosa que tiene un lugar en un instante. Es lo que las personas desean con ansias usar, tener o hacer.	Es el paso previo a la moda. Es la idea en sí y con ello se permite crear algo revolucionario que aún nadie hace o tiene.
Cuando la utilización de la idea se masifica y comienza a ser utilizada por casi toda la sociedad.	Comienza en un pequeño grupo de personas de una sociedad.
Por ejemplo: La moda se convertirá en moda cuando debido a aquella mujer famosa que utilizó aquel vestido, este comience a ser usado en masa por mujeres que desean usar vestidos con los mismos patrones para imitarla.	Por ejemplo: una tendencia suele comenzar cuando una mujer famosa utiliza un vestido largo revolucionario que posea piedras preciosas o que tenga un estampado hermoso durante un evento de gala o formal que sea público.

Independientemente de que generemos un tipo de producto atemporal o de tendencia, igualmente tenemos que analizar asiduamente las tendencias pasadas, presentes y futuras. Esto nos ayudará a que nuestro proyecto sea sostenible en el tiempo.

Fuentes:
Marketing de Moda – Harriet Posner
https://diferencias.eu/entre-moda-y-tendencia/

Perfil Experto – Carmen Hummer

Estilista, Asesora de Imagen y Personal Shopper.

Si tuviera que definir de alguna manera a Carmen, diría sin duda que es una visionaria. Nadie mejor que ella para visualizar lo que viene, analizar las tendencias y trasmitir su pasión por la moda.

@carmenhummer

Reflexionamos y compartimos con Carmen sobre tendencias, marcas y consumidores.

Reflexión sobre las tendencias actuales:

Hoy en día hablar de tendencias es un poco atrevido. Las últimas temporadas hemos visto de todo en las pasarelas, en la calle y en los escaparates… Influencias de diferentes décadas, años 70, 80 y 90, colores neón, pastel, estilo masculino que convive con lo mega femenino. Aun así, hay tendencias que sobresalen y destacan.

En primer lugar, vamos a ir dejando atrás poco a poco el

estilo relajado y *minimal* del 2020. Vamos a abrir los brazos a los encajes, las flores, las plumas, los metalizados, las lentejuelas, en definitiva, a la vuelta al glamour; detalles como cinturas marcadas con siluetas en X, vestidos que marcan, chalecos… y, sobre todo, una explosión de color.

El color nos hace visibles en la calle, ya no hay que quedarse en casa y queremos que se nos vea. Estampados coordinados en *total look*, y prendas deportivas con toques femeninos.

Se lleva todo, sí, la influencia de las décadas pasadas está ahí y se mezcla entre sí para crear las tendencias de este 2021, en el que, sobre todo, queremos que se nos vea. Nunca hemos sido tan libres a la hora de expresarnos con lo que llevamos.

¿Desde tu punto de vista, cómo ha evolucionado el sector de la moda en los últimos 6 años?

El sector de la moda evoluciona al ritmo en que lo hace el consumidor, porque la moda está creada para satisfacer sus necesidades. Se termina de afianzar la influencia digital a todos los niveles y crece el *branding*, que hacen las empresas de moda para captar la atención del consumidor. Hemos pasado de ser solo una imagen a que las firmas y marcas posean personalidad y esta se trabaje en profundidad, dando importancia a los valores de marca que llegan al consumidor.

La evolución va de la mano de la sostenibilidad, venden la exclusividad, la calidad y el diseño no perecedero en aras del medio ambiente. Es incuestionable el parón sufrido por el COVID-19 y cómo las marcas están luchando por adaptarse definitivamente al *e-commerce.*

¿Qué crees que busca hoy en día un consumidor de moda?

El consumidor busca vestir como sus referentes, tanto musicales, *influencers* o cinematográficos. Esto no ha cambiado, solo que la inspiración está en otra parte, el foco es distinto. Queremos moda sostenible, respetuosa con el medioambiente, unisex, con las referencias en su ADN a todas esas tendencias que nos mueven, tanto en sostenibilidad como en movimientos culturales a todos los niveles, y la queremos comprar online. Queremos aquello que nos defina. Hay un mayor grado de exigencia, estamos en la era de la información y eso es lo que queremos: ver, conocer, comprender, saber que compramos calidad y personalidad y que vamos a disfrutar de esta experiencia.

¿Qué ingredientes fundamentales debe de tener una marca de moda emergente para arrancar, sobrevivir y triunfar?

Evidentemente esta es la pregunta del millón, definitivamente conectar con el consumidor. Pero, obligatoriamente, calidad y compromiso ecológico. Es fundamental tener una imagen de marca sólida y bien definida que conecte con el perfil al que va dirigida en todas sus vertientes socioculturales, sin dejar de lado el buen gusto en diseño y, por supuesto, preparada para responder las necesidades de un cliente exigente.

Reflexiones y aportaciones sobre el futuro de la moda.

No podemos obviar la influencia de las tendencias en el avance y futuro de la moda como expresión artística y como negocio. La invasión de la moda *Ratchet* y el *Trap,* en contrapunto, ha aumentado la tendencia elegante y relajada de ese estilo más centro o norte europeo con una influencia de todo lo oriental en el estilo de vida y, por supuesto, en la moda. Esto nos lleva a un equilibrio en el que subyacen las necesidades sociales, las influencias artísticas, las tendencias digitales, la cultura urbana y la, cada vez más marcada, necesidad de comodidad sin renunciar a lo personal, original y que nos distingue. Hay tendencias que llegan para quedarse, aunque las mezclemos con aquellas que conviven y reviven cada temporada.

Es muy atrevido hablar de futuro. Vivimos un momento de revolución y cambio a todos los niveles, y somos unos privilegiados por vivir este momento tan excitante y novedoso. Estamos en la era de la comunicación y esto, junto con la concienciación social sobre la protección del medio ambiente, es lo que marcará nuestro camino hacia adelante.

Competidores y Consumidores

La Competencia

Más allá de obstaculizar nuestro camino, la competencia es uno de nuestros grandes aliados a la hora de definir, planificar y activar nuestro proyecto. Nos aproxima y nos ayuda a encontrar ese "producto no registrado".

En este camino de exploración y análisis externo, es importante profundizar en el conocimiento tanto de la competencia directa como de la indirecta.

Competencia directa:

- Mismo negocio/segmento/categoría de producto.

- Mismos canales de distribución.

FOCO EN EL PRODUCTO

Competencia indirecta:

- Productos diferentes que cubren una misma necesidad.

FOCO EN LA NECESIDAD

Al analizar la competencia buceamos en sus éxitos y fracasos, el camino que ya han recorrido nos servirá de aprendizaje.

Frente a la competencia directa debemos generar ventajas competitivas.

La competencia indirecta nos tiene que inspirar y alimentar.

La competencia no se analiza en una fase previa y nos olvidamos de ella, es algo que todo proyecto de moda emergente tiene que incorporar en sus tareas diarias, no podemos dejar de observar y aprender.

El Cliente

Conocer a nuestro cliente pasa por el ejercicio de segmentar.

Cuando diseñamos estrategias de *marketing*, uno de los condicionantes que debemos conocer y aplicar, para conseguir los objetivos marcados, la optimización de los recursos y la minimización de los costes, es la segmentación.

La segmentación nos va a permitir, en base al análisis de la información, dar respuesta a una serie de preguntas necesarias para poder planificar y adoptar decisiones con la mínima incertidumbre posible.

¿Para qué sirve segmentar?

- Conocer cuántos clientes componen mi negocio.

- Qué volumen de ventas podrían representar este tipo de clientes.

- Descubrir cómo son nuestros clientes potenciales.

- Identificar nuevos nichos de mercado.

Normalmente una marca pequeña que empieza no puede acceder a los servicios de una gran empresa de investigación de mercados, es algo prácticamente inaccesible. Aquí tenemos dos opciones: hacerlo nosotros a través de un análisis básico y primario de nuestro cliente ideal, aquel con el que tenemos que conectar. Reconocer sus necesidades nos ayudará a acercarnos todavía más a ese "producto no registrado". Otra opción es contratar a un consultor experto que nos ayude.

Gran parte de mi trayectoria profesional se ha centrado en estudiar al cliente, entender sus comportamientos, adaptarme a sus cambiantes necesidades y, sobre todo, aprender a conectar.

El cliente no es un elemento frío y estático. Vive, respira y se mueve. Le afecta todo lo que gira a su alrededor, social y emocionalmente. Su estudio debe ser, al igual que con la competencia, diario.

La Segmentación Emocional

Desarrollada por Visual DNA (Nielsen); añade una nueva visión tremendamente interesante y valiosa sobre el perfil del cliente. La segmentación emocional profundiza en aspectos como los sueños, las capacidades, el estado mental, la predisposición, la personalidad, la amabilidad, la gestión del estrés, el amor o las finanzas.

Analiza un total de 12 rasgos de personalidad que nos aportan información del consumidor como un individuo emocional, explorando las inquietudes y motivaciones de compra que van más allá de lo puramente racional.

Tómate tu tiempo;

Busca, explora, investiga, analiza;

No te lances al vacío;

No clones a otros;

Encuentra tu sitio.

Manifiesto de Moda Emergente

2. Comunicar "DESDE DENTRO"

Las marcas de moda necesitan construir conexiones con sus consumidores, entrar en sus vidas y llegar a ser una "Lovemark".

Lovemark es un concepto que se usa en marketing para representar a una marca que ha logrado generar un gran nivel de confianza y compromiso entre sus clientes.

Los clientes quieren verse estimulados, emocionalmente afectados y creativamente provocados por marcas que les hagan vibrar.

El mundo de la moda está saturado de marcas robot:

- **Aquellas que carecen de personalidad**
- **Que no tienen chispa creativa**
- **No son capaces de sorprendernos, simplemente nos aburren**
- **Trabajan su comunicación desde el cortoplacismo**
- **No consiguen conectar con su comunidad**

Cuando nos comunicamos desde el alma de nuestro proyecto, fomentamos la complicidad marca-consumidor, establecemos lazos positivos y potenciamos un posicionamiento personalizado.

Territorios de marca

Identificar nuestros territorios de marca nos ayudará a definir la mejor manera de comunicar.

Los territorios de marca son un pilar fundamental a la hora de construir, activar y gestionar nuestra marca. Son la base sobre la que se construye todo el imaginario de marca, es decir, sus valores, atributos, personalidad y significados, que convertirán a nuestra marca en un proyecto único, relevante y emocionalmente conectado con nuestra comunidad.

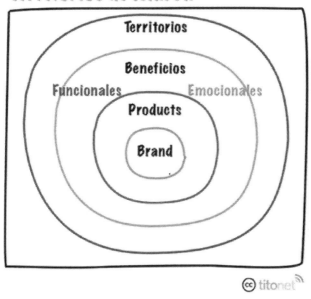

Reflexionar antes de activar es la clave y para ello tenemos que hacernos una serie de preguntas:

- ¿Quién soy? ¿Qué hago? ¿Quién o quiénes estamos detrás de este proyecto?
- ¿Por qué mi proyecto es diferente?
- ¿Dónde produzco?
- ¿Qué materiales utilizo?
- ¿Puedo demostrar mi sostenibilidad de principio a fin en la cadena de valor?
- ¿Cuál es la misión de mi marca? ¿Qué puedo aportar a la sociedad?
- ¿Soy o somos agentes del cambio?

Perfil Experto – Laura Esteban

Periodista de Moda y Belleza. Experta en Comunicación Digital.

Laura simboliza la energía, la creatividad y el buen manejo digital de las nuevas generaciones. Ella es un puente maravilloso para entender cómo comunicar eficazmente en entornos digitales.

@neveroldfashioned

Reflexión sobre las tendencias actuales a nivel de comunicación y difusión en moda.

Tanto la moda como la comunicación están en constante innovación. Ahora mismo, podría decir que la tendencia es la digitalización total.

El *marketing* de *influencers* es otra de las grandes tendencias en auge, perfiles más cercanos a su audiencia que las *Celebrities* denominados *Micro Influencers*. Estos tienen una comunidad fiel de seguidores a los que prescriben productos. En este punto, también cabe destacar el vídeo, que es el formato predilecto y más efectivo en este tipo de comunicación. *Tik tok* y la nueva función *Instagram Reels* son una clara prueba de ello.

¿Qué crees que busca hoy en día alguien que lee sobre moda?

Desde 'pequeña' soy lectora de revistas de moda, recuerdo comprar la revista *Cuore Stilo* en el kiosco y llevármela a la playa para así poder estar al tanto de las tendencias. En ese momento, yo buscaba en ellas inspiración, como una chica adolescente que quiere ir a la última y, a día de hoy, busco poder escribir sobre qué se lleva, recomendar prendas, productos de belleza y trucos de estilo a otras mujeres. Me parece todo un sueño hecho realidad.

Sinceramente, me cuesta responder a lo que creo que las lectoras de revistas de moda buscan en ellas. Algunas pueden sumergirse en estas páginas, o en estos artículos, para soñar un rato con alta costura, desfiles y *looks* imposibles que no se van a poner nunca, pero que son arte. Otras, para buscar consejos de expertas sobre qué ponerse y cómo hacerlo, trucos y *tips* de belleza... También para descubrir nuevas marcas y perfiles de personas que están haciendo cosas interesantes, o diferentes puntos de vista.

¿Qué ingredientes fundamentales debe tener una marca emergente para arrancar, sobrevivir y triunfar?

Creo que una marca emergente tiene que ser sostenible para triunfar. El modo de consumo de moda está cambiando. Cada vez hay más personas que buscan prendas producidas de forma respetuosa con el medio ambiente. Por supuesto, que sea transparente con su público, creativa y tenga personalidad.

Para arrancar y triunfar, una estrategia potente en redes sociales será la clave para convertir las prendas, o complementos, en un objeto de deseo (siempre con *influencers* con valores afines a los de la marca). Además de esto, el apoyo de las revistas y de las prescriptoras de moda, para crear una imagen de marca sólida, será fundamental.

Para sobrevivir creo que la clave está en actualizarse. No quedarse atrás en cuestión de tendencias pero, al mismo tiempo, mantener una esencia que la defina y unas prendas que no "pasen de moda". También, creo que el hecho de que las prendas o complementos sean de edición limitada es otro de los puntos fuertes, porque consigues que el consumidor quiera tener tus prendas antes de que se agoten, que las vean como tesoros o regalos especiales que quieran cuidar y en las que merece la pena invertir.

Busca el alma de tu proyecto;

Profundiza y explica su valor;

Identifica qué lo hace diferente;

Provoca reflexión y conciencia;

Fusiona vocación y profesión;

Conecta y comunica.

Manifiesto de Moda Emergente

3. Sostenibilidad "DEMOSTRADA"

Recuerdo cuando hace casi 6 años me preguntaban en qué trabajaba, y yo explicaba tímidamente que había fundado una consultora dedicada a impulsar y acompañar proyectos de moda y belleza sostenibles.

Éramos pocos o, más bien, muy pocos los que empezábamos a recorrer tan vasta travesía. Muchas veces tenía la sensación de encontrarme prácticamente sola, navegando con mi pequeño barco de madera en medio de un océano.

Por suerte, se cruzaron en mi camino personas maravillosas como Paloma G. López, a la que tengo tanto que agradecer. Ella es inspiración, luz y compañía. Con ella, ya no estaba sola en esta travesía.

Había pocas marcas comprometidas, pocos proyectos conscientes, pero los que había eran de verdad. Hoy en día la sostenibilidad, por suerte, está de moda. Bendita tendencia.

Reconozco que me molestan las hipocresías y me considero una luchadora incansable. Admiro a los que de-

fienden sus ideales sin miedo, a los que buscan su propio camino aunque no sigan el del resto, que, aunque con más piedras que sortear, también con más experiencias que disfrutar.

Al adjetivo sostenible le pido credibilidad, no se es sostenible en un solo aspecto, se intenta ser sostenible en todo.

Basta ya de utilizar la sostenibilidad como complemento que nos embellece, no es un bolso, ni unos pendientes; la sostenibilidad es un look completo.

Profundizaremos sobre la sostenibilidad demostrada en los capítulos 4 y 5, de la mano de dos perfiles expertos.

Pon tus valores al servicio del mundo;

Demostrar prevalece sobre mostrar;

Haz de la moda sostenible una forma de vida;

Predica con el ejemplo.

Manifiesto de Moda Emergente

4. Posicionamiento precio "COHERENTE"

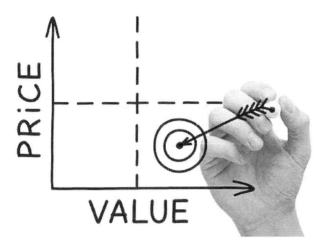

Una estrategia de *pricing* consiste en la fijación de un precio que aporte valor al producto y sea adecuado versus el posicionamiento de marca y la percepción del cliente potencial. Se debería intentar llegar a un equilibrio, entre un precio adaptado al momento de mercado que vivimos y nuestra rentabilidad como marca.

El objetivo principal del *pricing* es cobrar todo lo que el cliente está dispuesto a pagar.

En los primeros años de vida de una marca de moda emergente, diría que es el asunto que más quebraderos de cabeza provoca. Al producir a pequeña escala y en talleres de cercanía, el precio se dispara casi siempre.

Todo ello se complica cuando, y en la mayoría de los casos sin tener ningún tipo de conocimiento previo, analizamos los márgenes que se trabajan en los diferentes canales de distribución. Variables que, erróneamente, no habíamos tenido en cuenta al crear nuestro proyecto.

A continuación, analizaremos algunas de las estrategias más utilizadas a la hora de fijar los precios, con sus ventajas y desventajas:

- **Fijar el precio en función de los costes**

Consiste en calcular los costes, aplicar un porcentaje de beneficio deseado y repercutirlo al cliente. (coste + margen)

Desventajas: No siempre se ajusta al momento de mercado y no tiene en cuenta lo que el cliente está dispuesto a pagar.

Ventajas: Sencillo de calcular, aplicable a cualquier tipo de producto, no entiende de estrategias.

- **El *Skimming***

Consiste en lanzar el producto a un precio muy alto dentro del concepto de "Exclusivo-Lujo".

También se conoce como estrategia de precios descremados.

A medida que pasa el tiempo, el precio se baja poco a poco.

Fase 1: Precio alto

Fase 2: La segunda fase ocurre cuando los primeros usuarios han realizado sus compras. El objetivo es aumentar cuota de mercado con nuevos usuarios, y provocar la repetición de compra con los primeros.

Fase 3: Finalmente, cuando las ventas han comenzado a disminuir, es hora de iniciar la tercera fase en la que el precio se reduce aún más para atraer compradores con descuento. Nuevamente, el margen de beneficio disminuirá. Es probable que el producto esté cerca del final de su ciclo de vida al entrar en esta fase. Si la estrategia se emplea correctamente, debería llegar a la mayor parte de su mercado objetivo después de completar las tres fases.

Desventajas: La marca corre el riesgo de perder valor al cambiar de posicionamiento en el transcurso de las tres fases. Esto puede generar confusión y poner en peligro nuestra credibilidad.

Fuente: https://estudyando.com/price-skimming-definicion-ejemplos-y-estrategia/

Ventajas:

- *Permite recuperar el coste de inversión y lanzamiento del producto.* Con las primeras ventas a un precio superior es posible cubrir el coste de llegada al mercado, así como el del desarrollo del propio producto. A su vez, permitirá que se reinvierta en una mejora futura y/o cercana del propio producto.

- Se podrá hacer un estudio del precio en base a la realidad. Una vez superada la fase de inserción, podremos empezar a discriminar precios en función de las ventas generadas y objetivos conseguidos.

- Se produce una segmentación natural de audiencias entre las que puede calar el producto. Una vez este empieza a rebajar su precio, podremos ampliar el rango de actuación hacia nuevos compradores potenciales y, por qué no, lanzar distintas versiones para cubrir diferentes rangos y expectativas.

Fuente: *https://www.reactev.com/es/blog/ventajas-aplicar-estrategia-price-skimming-ecommerce*

◆ Fijar el precio en función del valor

Consiste en fijar los precios en función del valor que le pueda aportar al cliente.

Es la estrategia opuesta a los costes, se centra en el resultado/beneficio.

Desventajas: No siempre el valor percibido y el valor económico son iguales.

Ventajas: Sinceramente no encuentro ninguna, considero esta estrategia absolutamente fuera de la realidad del mercado.

◆ Precios de Penetración

El objetivo es ganarse un lugar en el mercado y darse a conocer con una política de precios muy agresiva.

¿Cómo? Vendiendo por debajo del precio de mercado, intentando ganar la atención del cliente.

Si nuestro proyecto presume de una "sostenibilidad demostrada" esta estrategia sería prácticamente inviable, está fuera de las políticas de precio justas.

Desventajas: El problema principal es que esto no es sostenible en el tiempo. No hay flujo de caja que aguante vender por debajo de coste.

Ventajas: Ninguna, es crear un proyecto sin una base sólida financiera y sin credibilidad de marca. Crecer con pies de barro.

- **Precios de Prestigio**

Está relacionado con la elasticidad de la demanda. Esta estrategia busca aprovecharse de la mayor demanda que tienen algunos productos.

Desventajas: El problema vendrá a largo plazo, cuando nuestro producto deje de ser tendencia. Nos tendremos que preguntar cómo abordaremos la evolución del surtido de producto en el tiempo.

Ventajas: Durante el período en el que el producto tenga demanda, la facturación será óptima aprovechando el momento de mercado. Conseguiremos un buen impulso y fuerza de marca.

Sea cual sea la estrategia que decidamos activar, siempre deberemos tener en cuenta estas tres variables:

- La competencia
- El momento de mercado
- Nuestro posicionamiento

Durante los tres primeros años de vida, tenemos que ser conscientes de que nuestros márgenes de beneficio serán ajustados hasta que el proyecto vaya cogiendo forma y volumen.

Aventurarnos en un proyecto de moda con unos precios desorbitados, sin una construcción de marca previa ni una buena estrategia de posicionamiento, es una locura. Estaremos abocados al fracaso. El mercado no funciona así.

Una marca de moda, emergente y sostenible, tiene que adaptarse a los precios que se están trabajando en cada uno de los mercados en los que tenga intención de distribuirse. Si esto no es viable propongo parar, revisar el proyecto y plantearnos si vale la pena lanzar la marca.

Recomiendo acudir a un consultor experto para realizar un estudio de la competencia y de los precios que se están manejando en nuestro *retail* potencial.

Analiza;

Reflexiona;

Busca el equilibrio;

Sé coherente.

Manifiesto de Moda Emergente

5. Cómo abordar la expansión en *RETAIL*

Año 2021: Hablar solo de *retail* físico ha pasado a la historia. Tras la pandemia, cualquier tienda de moda multimarca que haya querido sobrevivir ha tenido obligatoriamente que digitalizarse, adaptando su negocio al ecosistema digital.

El *retail* multimarca busca principalmente diferenciarse de manera competitiva del *Fast Fashion*, a través de proyectos emergentes tanto nacionales como internacionales que ofrezcan calidad, versatilidad y dinamismo.

Buscan responder a la demanda del consumidor actual, ofrecer una experiencia de compra exclusiva y consolidar una relación comercial estable con las marcas.

Esta nueva era viene marcada por:

La consolidación de la omnicanalidad

Los espacios físicos se adaptan a las nuevas necesidades, donde el cliente es el foco.

Aumenta la confianza y consolidación de la venta online para el *retail* multimarca.

Miramos hacia un futuro híbrido, con un *ON* dominado por el impacto visual y el precio, y un *OFF* donde la experiencia-cliente es la protagonista.

Replanteamiento del modelo actual

Migración del modelo actual hacia un modelo más flexible con colecciones cápsula o lanzamientos mensuales.

Se prioriza un *stock* vivo.

Se huye del estancamiento.

La parte *ON* se trabaja vía *Marketplace*.

Sensibilidad sostenible

Cambio acelerado en la demanda hacia una sostenibilidad demostrada.

Emerge un nuevo consumidor que exige transparencia y calidad.

Cómo abordar la expansión en *retail* es uno de los grandes retos para cualquier proyecto de moda emergente. El desconocimiento lógico del lenguaje y códigos comerciales, unido a la falta de tiempo para activar y gestionar una óptima distribución y expansión comercial, desembocan inevitablemente en el abandono del canal.

Considero, en líneas generales, que hay cuatro puntos imprescindibles a la hora de abordar una correcta expansión:

1. *Conocer y reflexionar sobre nuestros límites y posibilidades:*

    ¿Estamos capacitados para gestionar, a nivel logístico, dicha expansión?

¿Podemos ofrecer un servicio de reposiciones ágil y flexible?

¿Nuestros márgenes de rentabilidad son adecuados para el canal?

¿Podemos ofrecer un buen servicio de atención al cliente?

No olvidemos nunca que el *retail* busca marcas y personas eficaces.

2. *Seleccionar el mejor surtido: el más atractivo para el canal.*

   No todos nuestros productos tienen porqué lanzarse en el canal multimarca.

   Es importante tener en cuenta aspectos como las posibilidades de cada producto (tallas, colores, materiales), los márgenes de rentabilidad y la capacidad de reposición.

3. *El retail "ideal".*

   Durante los tres primeros años de vida de una marca de moda emergente, la expansión tiene que ser lenta pero segura: experimenta, aprende y consolida tu negocio.

   Desde mi experiencia, una expansión saludable por mercado o país sería esta:

Año 1: 5 tiendas

Año 2: 10 tiendas

Año 3: 15/20 tiendas

Nuestro *retail* ideal es aquel donde encontramos que la marca rota de manera sana, constante y equilibrada, donde cuidan y miman nuestro producto y donde se establece una relación de confianza y apoyo por ambas partes.

4. *Los temidos márgenes comerciales*

Ser conscientes de las condiciones comerciales predominantes nos evitará sorpresas.

Existen tres maneras de trabajar con el canal *retail* multimarca:

◆ La compra en firme:

Desventajas: Márgenes de beneficio muy reducidos para la marca, debido a un escalado de producción pequeño en los primeros años de vida del proyecto. Posible estancamiento de la marca, ya que carece normalmente de un posicionamiento consolidado y, como consecuencia, la rotación es más lenta.

Ventajas: Retorno inmediato de la inversión. Sistema práctico y cómodo.

El margen neto de beneficio habitual para el retail cuando se compra en firme está entre un 50% y un

60%.

- El depósito o consignación

  Desventajas: Riesgo de *stock* congelado e impagos. Requiere de un control mensual exhaustivo. Para que el depósito funcione, la relación con el *retailer* tiene que ser de absoluta confianza. Con un *retailer* desconocido, del que no tengamos ninguna referencia, supone un riesgo. Aconsejo firmar un acuerdo de condiciones comerciales.

  Ventajas: Beneficio unitario mayor. Posibilidad de flexibilizar la oferta. Ideal para una primera fase de la marca.

  El margen neto de beneficio habitual para el *retail* cuando se trabaja en depósito suele ser de un 40% neto.

- La figura híbrida: Compra en firme de los modelos con mayor rotación o mayores posibilidades. Trabajar en depósito modelos más arriesgados.

  Desventajas: Ninguna. Únicamente el *retailer* necesitará, probablemente, comprobar la rotación de la marca durante al menos una temporada.

  Ventajas: Relación ideal con un equilibrio sostenible *Retail*-Marca.

Hace 20 años que trabajo diariamente para el canal de distribución. Con el *retail* he aprendido, crecido y compartido. Admiro su trabajo y lo sigo considerando el pulmón de este negocio. Me parecía fundamental contar en este libro con su valioso testimonio, cómo su voz nos enseña el camino. *Retailers* y marcas tienen que caminar de la mano.

En el Capítulo 2, reflexionaremos sobre la situación actual del *retail* nacional a través de la experiencia y visión de cuatro propietarias de tienda multimarca.

El sector está en continuo movimiento;

Es cambiante y caprichoso;

Sé flexible;

Aprende;

Dialoga;

Sé eficaz.

Manifiesto de Moda Emergente

6. Experiencia de marca única, total e integrada

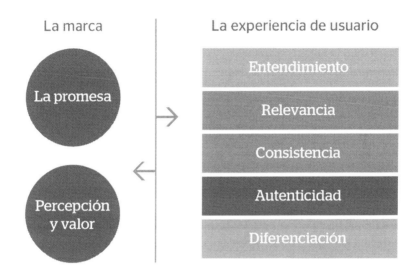

Si lo que prometemos como marca no se corresponde con lo que el cliente experimenta a la hora de adquirir nuestros productos, los pilares sobre los que hemos construido nuestro proyecto estarán predestinados a derrumbarse.

La promesa de marca se activa con la experiencia.

Hablaríamos de una experiencia única, total e integrada, o lo que es lo mismo: *Marketing* Integrado.

Consiste en combinar tanto medios tradicionales como digitales, para crear una experiencia de marca unificada.

Independientemente del canal en el que el cliente adquiera el producto, la percepción y experiencia de marca debería ser la misma.

En el caso del *retail* multimarca, aunque estemos vendiendo a través de un intermediario, somos responsables de que nuestros valores se transmitan de la mejor manera posible. Una relación fluida, un plan de *marketing* específico para el canal y la formación continua con el personal de los puntos de venta es la clave.

Es fundamental que el cliente perciba esa coherencia y unión de las acciones y mensajes.

A la hora de digitalizar el proyecto recomiendo contratar los servicios de un consultor experto en estrategia digital como @cynthiapoirrier.

Busca la unidad;

Sé diferente pero coherente;

Cuida tu proyecto;

Activa tu promesa.

Capítulo 2
La voz del *Retail* Multimarca

Cada uno de estos cuatro espacios son un referente nacional, espacios con alma que saben proyectar la esencia de cada proyecto.

Nadie como estas 5 mujeres a las que admiro enormemente para contarnos su visión actual y futura del sector, del consumidor y de las marcas.

Cuatro espacios, cinco voces experimentadas.

Irene Campoy y M.ª Del Carmen López

@velvet_bcn

Barcelona

VELVET BCN es una tienda que nació hace 6 años, de la mano de una madre y sus hijos. Al poco tiempo, se unió un amigo de toda la vida y actualmente son cuatro (Carmen, Óscar, Adrián e Irene).

Ofrecen marcas nacionales de moda ética y sostenible.

"Desde el inicio hemos querido ofrecer una moda distinta a la que hemos vivido estas últimas décadas. Queríamos ofrecer una moda transparente, de calidad y justa. Respetuosa con las personas y el medio ambiente. Nos centramos mucho en dar un trato personalizado y atento a nuestra clientela, y somos las mismas fundadoras de la marca las que atendemos en el punto de venta"

Situación actual del *Retail* Multimarca.

Creemos que está en un momento álgido, dada la gran cantidad de oferta de marcas que existen.

Evolución del negocio tras la pandemia y cómo se proyecta en los próximos años.

Tenemos una visión muy positiva. Hemos trabajado muy duro en la pandemia para estar donde queríamos estar hoy y aún nos queda mucho camino por recorrer.

En el año 2020 hemos materializado proyectos que teníamos para más adelante. La incertidumbre del principio nos sirvió para fortalecer más la estrategia de negocio, así como la comunicación y relación de todo el equipo. ¡Nos unió aún más!

Nos sirvió para darnos cuenta de que no tenemos que depender exclusivamente del turismo, sino que podíamos estrechar lazos con las personas del barrio y los clientes locales.

Ellos son los que nos apoyaron y sorprendieron muchísimo con su soporte en la temporada de invierno 2020. ¡Estaremos siempre muy agradecidas!

Cambios notables en el consumidor tras la pandemia, qué es lo que busca y nuevas pautas de consumo en moda.

El consumidor, tras la pandemia, busca comodidad, más calidad que nunca y, sobre todo, ha habido un crecimiento en la demanda de producto producido localmente.

Otro cambio notable ha sido que los clientes visitan la página web mucho más antes de desplazarse al punto físico. Se aseguran de las prendas, tallas y modelos disponibles. ¡El trato personalizado les encanta!

Qué ingredientes debería tener una marca de moda emergente para satisfacer las necesidades del *Retail* y del Consumidor.

Estudiar el mercado... ¡y escuchar, escuchar y escuchar muchísimo lo que se está pidiendo!

No producir por producir. Nos encontramos con muchas marcas que diseñan "para ellas". Únicamente por tener tejidos orgánicos, por ejemplo, parece que el producto esté destinado a venderse solo. ¡Y no es así!

El cliente está demandando diseño, estilo y calidad por encima de todo. No quiere simplemente modelos básicos. Nos encontramos con muchas marcas parecidas y demasiado producto igual, como es el ejemplo de las camisetas básicas estampadas. Hay que analizar antes de lanzar un producto.

Tampoco es necesario lanzar veinte productos nuevos cada temporada. Hay modelos que funcionan, y pueden repetirse, mejorando el diseño y adaptándolo a las opiniones y experiencias de sus clientes.

Una marca emergente, que no conoce nadie, está mirada con lupa por el cliente. Entendemos que un diseñador quiere expresar su arte y personalidad con la moda, pero el cliente de primeras, al menos en nuestro círculo, prefiere probar con algo que vea que va a usar muchísimo. Esto hará que coja confianza con la marca, sus diseños, tejidos y estilo, la recomiende y se vuelva fiel a ella.

Poco a poco, la marca podrá ir añadiendo prendas más extremas y que, igual, no tienen un público tan amplio.

Esto, por supuesto, es nuestra opinión, ya que posicionarse de primeras con colecciones muy particulares hemos visto que es complicado. ¡Aunque no imposible!

Yolanda López-Araquistain

@picnic_espaciomoda

Logroño

"Cada ciclo, cada momento tiene unas necesidades, el buscar alternativas y saber adaptarte hace que puedas afrontar la realidad del momento presente"

Para que el comercio local siga vigente tenemos además estos retos:

- *Trasmitir el valor de las cosas independientemente de su precio.*

- *Conseguir emocionar a nuestra clientela.*

Verde Doncella nace, con nombre de manzana, en 2008. Era todo un capricho tener un pequeño espacio en el que ofrecer una selección de bisutería y complementos de manera diferenciada. Una vez finalizados sus estudios, mi hija Ana regresa de Madrid y le engancha mi nuevo enfoque de tienda. Recoge el testigo y lo pone en marcha, haciendo que Verde Doncella sea su proyecto personal y desde 2019 la tienda on-line verdedoncella.com su nuevo reto.

En paralelo, pongo mi energía en un nuevo proyecto, donde la moda sostenible, el reciclaje de materiales y la moda responsable tienen su hogar.

PicNic Espacio moda nació en 2015.

Un espacio decorado como un jardín, para disfrutar de una oferta fresca y natural con precios accesibles.

Actualmente las dos tiendas físicas están ubicadas en locales muy cercanos. Trabajamos con colecciones de ropa, calzado, bolsos, complementos de moda y pequeños objetos cotidianos.

Dos enfoques diferentes, pero a la par, complementarios.

Situación actual del *Retail* Multimarca

Actualmente, el mercado lo muevan las grandes empresas del sector, que con estudios de mercado exhaustivos, hacen del mundo de la moda un consumo loco y, en exceso, dinámico. Por temporada ofrecen cambios en la paleta de colores y patrones, de forma que sin darse cuenta van obligando al consumidor general a comprar lo último. Lo hacen incentivando las ventas antes de existir la necesidad, la compra se realiza por impulso y capricho.

Además de adaptarnos a muchas de sus fórmulas e incentivos de venta, exposición del producto de forma que se pueda tocar y coger directamente, facilitar las condiciones para cambios de artículos, devoluciones, etcétera. Tenemos que:

- Encontrar nuestro nicho de mercado
- Tener una oferta interesante que responda a nuestro consumidor
- Una buena relación calidad-precio
- Un proyecto coherente y bien expuesto
- Locales bien ubicados
- Comunicación y redes sociales
- Atención eficaz y asesoramiento profesional
- Buena respuesta postventa

Todo esto y mucho más ¿cómo hacerlo?

Desde mi experiencia, esta es la clave:

- Ofrecer un producto cuidado y singular, con propiedades diferenciadas.
- Control de gastos: Nuestro nivel de gastos es muy alto y nuestros recursos limitados.
- También, el aspecto financiero es esencial. Esta

pandemia llega cuando empezábamos a ver un poco de alegría en el consumo tras la crisis de 2008. Tener una saneada tesorería es esencial para no tener cargas extras.

◆ En resumen, siendo profesionales en muchos campos.

Ser comerciante hoy no es tarea fácil. El consumidor compra por impulso y motivar las emociones es difícil.

Evolución del negocio tras la pandemia y cómo se proyecta en los próximos años.

En general, este tipo de microempresas es fruto de la ilusión y la perseverancia. La manera de seguir en marcha es con la adaptación al día a día, mucha intuición y observación.

Supongo que la tienda física tradicional, que no tenga un relevo generacional, tenderá a desaparecer, porque las fórmulas de venta y acercamiento al público están cambiando de manera continua.

Cambios notables en el consumidor tras la pandemia, qué es lo que busca y nuevas pautas de consumo en moda.

Nos queda buscar estrategias de acercamiento para llegar a aquellos que quieren un producto diferenciado y singular, principalmente acercar al consumidor hacia los pequeños talleres que con gran esfuerzo presentan esos productos únicos. Marcas nacionales y europeas principalmente.

En mi caso, he apostado por apoyar nuestra oferta online, pensando que la pandemia ha potenciado esta forma de acceder a las compras y una parte del consumo seguirá por esta senda.

Qué ingredientes debería tener una marca de moda emergente para satisfacer las necesidades del *Retail* y del Consumidor.

Antes de decidir poner en marcha una marca de moda hay que hacer un buen estudio del público al que va dirigida, sus necesidades y precios, acorde con este consumidor.

- Nombre y acertada imagen de marca, difusión en redes sociales.

- Diseño del producto acorde con las necesidades de su consumidor.

- Atributos diferenciadores y exclusivos.

- Distribución en tienda física combinándolo con venta online, de forma que no suponga competencia desleal o interferencias entre los canales.

- Margen comercial interesante, agilidad en reposiciones, buena comunicación y disposición para resolver problemas de logística, administración, solución a taras y servicio postventa ágil.

Eva Monedero

@lafulanastore

Vilanova i la Geltrú (Barcelona)

"La historia de "La Fulana Store" es breve en tiempo, pero intensa en pensamiento. Nacía dos días después del confinamiento, un 17 de marzo del 2020. Aunque sus puertas no pudieron abrirse, lo hicieron unos pocos meses después. Nuestra filosofía se basa en la moda y el arte, una combinación de conceptos imprescindibles y necesarios para la actualidad. Moda consciente con marcas emergentes, francesas y nacionales"

Situación actual del *Retail* Multimarca

Si hubiera que definirlo en unas pocas palabras sería: en plena transformación. Sin duda, lo que era un vaticinio se ha cumplido, la introducción de la venta online también para el pequeño comercio. Aunque también decir que, quizás, debido a la situación actual, este hecho se haya adelantado, tampoco es que nos haya cogido por sorpresa, solo que adelantamos los hechos en el tiempo.

Los modelos híbridos son los que actualmente "cortan la pana" y queramos o no, para resistir, habrá que actualizarse.

Actualización rápida, es lo que los *retailers* nos hemos visto "forzados" a realizar.

Evolución del negocio tras la pandemia y cómo se proyecta en los próximos años.

En nuestro caso bastante atípico, y al abrir el negocio en plena pandemia, no podemos hacer comparativas con años anteriores. A pesar de todo, hemos podido ver que una parte de los consumidores siguen apostando por el pequeño comercio, por un formato más humano, cercano y personalizado, adaptándose a las necesidades de cada persona y momento.

La proyección en un futuro inmediato, creemos que se desarrollará mediante un multicanal de venta, en el que podamos ofrecer el producto tanto online como offline a partes iguales. La parte más presencial deberá cuidar mucho el detalle, la atención y no perder la esencia.

Cambios notables en el consumidor tras la pandemia, qué es lo que busca y nuevas pautas de consumo en moda.

Un consumidor algo más concienciado surge de la pandemia. Queda atrás el comprador caprichoso para dejar paso al comprador consciente de los problemas medioambientales y de unas necesidades reales en el momento de adquirir una prenda. ¿Qué necesito? ¿Quiero colaborar con un consumo responsable? ¿Prefiero durabilidad a cantidad? ¿Quiero colaborar con el comercio/diseñadores locales?

Qué ingredientes debería tener una marca de moda emergente para satisfacer las necesidades del *Retail* y del Consumidor.

Coherencia, honestidad, compromiso con el medioambiente, hacer moda con menos se traduce en más.

Moda que perdure en el tiempo por su calidad, se acabó el usar y tirar.

Entender las necesidades del consumidor actual debería ser uno de los puntos fuertes.

Carolina Simón

@greenlifestylebcn

Barcelona

Carolina Simón fundó *GreenLifeStyle* en 2011 debido a su preocupación por el impacto de la industria textil en el medio ambiente.

Desde su creación, ha luchado por difundir el mensaje de: *otra forma de moda es posible*. El viaje ha sido desafiante pero importante, ya que *GreenLifeStyle* fue la primera tienda de moda orgánica certificada en España. Un logro del que Carolina está muy orgullosa. Realmente es una pionera.

Situación actual del *Retail* Multimarca.

Desde mi punto de vista, la situación del *retail* multimarca no ha cambiado en exceso. Sigue siendo un modelo de negocio muy diferente en el que ofrecemos al consumidor un abanico amplio de posibilidades, en contraposición con los espacios monomarca.

Evolución del negocio tras la pandemia y cómo se proyecta en los próximos años.

En mi caso, por un lado he tenido que adaptarme a las nuevas medidas con modificaciones notables en la tienda y, por otro lado, he percibido un cambio profundo en la manera de interactuar con mi comunidad vía redes sociales: mis seguidores han aumentado notablemente y son más activos.

Sobre la proyección del sector, tengo dudas en cuanto al modelo de negocio en sí, quizá evolucione hacia un formato todavía más híbrido *on* y *off*.

Cambios notables en el consumidor tras la pandemia, qué es lo que busca y nuevas pautas de consumo en moda.

El consumidor ahora busca comodidad y colores luminosos.

Es más consciente de la necesidad de consumir moda sostenible.

Qué ingredientes debería tener una marca de moda emergente para satisfacer las necesidades del *Retail* y del Consumidor.

Es fundamental que su producción sea ética, sostenible y *zero waste*.

Las facilidades de pago y el hecho de no tener tan marcadas las temporadas hoy por hoy, en mi opinión, son fundamentales. Que exista la posibilidad de compra continuada con lanzamientos frecuentes.

Capítulo 3
De la Creatividad al Negocio
Con Ginger & Velvet

De Ginger & Velvet admiro todo: su creatividad inagotable, su capacidad de superación, su visión comercial… pero, sobre todo, admiro el haber sabido traducir el alma de su proyecto hacia un negocio rentable y sostenible.

Maite y Juanjo son, diría yo, parte de mi familia. Cada vez que nos vemos en alguno de los dos espacios que tienen en Madrid, el tiempo transcurre demasiado rápido entre divagaciones del mundo de la moda y de la vida. Un reseteo en toda regla para la mente y el cuerpo.

De ellos, todos tenemos mucho que aprender y escuchar.

Visual perteneciente a la Colección Fénix

A lo largo de este capítulo, profundizaremos sobre cómo es posible activar y mantener una marca de moda emergente sin sacrificar la llama creativa, que alimenta la motivación de cualquier diseñador.

Maite G. Tejedor

Directora Creativa @gingerandvelvet

"Nací en Salamanca en 1981. A los 6 años, mi madre me apuntó a Ballet, disciplina que actuó como germen de una necesidad artística posterior, aunque en ese momento era una mezcla entre "lo odio" y "no sé qué me pasa cuando lo hago que no puedo dejar de hacerlo".

Al poco tiempo, estudié música especializándome en piano, y en su momento, compaginé la formación musical con Filología Hispánica.

Deslumbrada por la rama literario-teatral, realicé un Máster en estudios teatrales y audiovisuales, tras el que decidí formarme como actriz en la Escuela Internacional para el Actor Juan Carlos Corazza.

Durante este proceso, trabajé en diversos proyectos

como actriz, regidora de Ópera y Ayudante de dirección, entre otras cosas.

En mi labor personal de recopilar nuevas herramientas en el proceso artístico como medio de comunicación, centré mi interés en el trabajo con el objeto y comencé a estudiar joyería.

Posteriormente, fundé la marca Ginger & Velvet, donde actualmente continúo diseñando y produciendo mis colecciones, junto a Juan José Villanúa.

Mi objetivo se centra en la recopilación de las herramientas necesarias para desarrollarme con pasión, firmeza y templanza; para ampliar los horizontes de un desarrollo artístico que me permita realizarme con libertad, respeto y profundidad, manteniéndome viva sin perder de vista la dimensión humana de esta profesión"

Maite G. Tejedor

Reflexionando sobre cómo la inspiración emocional influye en mi trabajo.

Toda mi trayectoria vital y profesional ha estado directa o indirectamente vinculada al mundo artístico.

Es en el teatro donde empiezo a ser, poco a poco, consciente de la necesidad de incorporar la creatividad a mi desarrollo personal y profesional.

Pieza perteneciente a la Colección Brave

Creo que el desarrollo de la individualidad es lo que realmente marca la personalidad de un proyecto, más allá de las tendencias o de intentar responder a una demanda del mercado.

Colección tras colección, me doy cuenta de que cada una de ellas transmite una proyección de la situación que estoy viviendo en ese momento.

Mi inspiración, además de las tendencias, tiene que ver con mi evolución personal.

Es complejo unir lo comercial con lo emocional, pero no imposible; nosotros lo hemos logrado.

Las mayores decisiones de nuestra vida están marcadas por las emociones.

Intento ser consciente de las emociones y darles vida a través de mis piezas.

Relación emocional con los clientes

Al trabajar a medida, es necesaria una involucración emocional con los deseos del cliente.

Mi labor previa consiste en intentar conocer un poco mejor a la persona a la que va dirigida el encargo. Cualquier detalle es valioso. En el caso de los anillos de compromiso es vital, ya que no tengo contacto directo con la persona.

El proceso emocional es muy enriquecedor tanto para mí como para el cliente.

En el caso de encargos directos para eventos, me importa mucho conocer tanto lo que uno quiere proyectar en los demás como los secretos que quiere guardar, materializados en la pieza que estamos creando.

Pieza perteneciente a la Colección Miss Brown

Cómo transformar la emoción en una propuesta comercial atractiva

Nosotros nos apoyamos en la parte emocional para comunicar la esencia de cada colección.

Juanjo se encarga de seleccionar las piezas definitivas que formarán parte de la colección, estudiando el histórico de ventas de piezas similares y la proyección que estimamos según el ritmo de las ventas, la situación económica y todas las variables que creamos que puedan afectar a la rotación de las piezas.

Una vez finalizada la fase creativa, ponemos en marcha la normalización de los diseños. Normalizar consiste en revisar los tamaños, pesos, proyección, comodidad... en definitiva, pulir la colección para que sea lo más comercial posible, manteniendo siempre su esencia.

También definimos aquellas piezas imagen, que por sus características simbolizan el alma de cada colección, aunque muchas veces o casi siempre no son las que más rotación tienen.

Son piezas muy espectaculares que despliegan nuestra parte más artística.

Tras la normalización analizamos la viabilidad económica de cada pieza, definiendo los *best* que nos aportarán volumen y valor. Hacemos una estimación de ventas de la totalidad de la colección y definimos su precio medio de venta al público.

Durante la pandemia hicimos bastante reciclaje; con pequeños cambios hemos dado una nueva vida a muchas piezas.

Además del histórico de ventas, la opinión directa de los clientes nos ayuda muchísimo. Toda esta información es un regalo para mejorar, actualizarnos y revitalizar la marca. Su aportación es muy importante para nosotros.

Capítulo 4
La nueva era de la moda
Por Paloma G. López

Paloma G. López

@thecircularproject @csfwmadrid @sicmodaes @paleylla

Paul Donovan, economista jefe global de UBS Wealth Management, predice que el comercio mundial de bienes como la ropa « volverá a ser algo así como el viejo "modelo imperial" de importación de materias primas para luego procesarlas cerca del consumidor».

DanaThomas, Fashionopolis, 2020

Empecemos diciendo bien alto y claro que la industria textil, basada en un modelo de producción *fast fashion* y *low cost*, ha sido y es un grandísimo error humano y nunca, por definición, digan lo que digan, este sistema de fabricación será sostenible y de bajo impacto medioambiental y social.

Esta afirmación, que ha sido un mantra para todas las activistas de la moda sostenible desde hace más de una década, se ha visto avalada por la mismísima Comisión Europea en boca de su presidenta Ursula Von der Leyden, quien ha afirmado que la moda rápida es veneno para el planeta[1] y sólo transformando la industria hacia un modelo circular y regenerativo conseguiremos reducir su impacto, e incluso anularlo.

Vivimos un momento sin precedentes en la historia, nunca, hasta ahora, la humanidad se había situado frente a su destino con la clara evidencia de que su intervención directa sobre el planeta le está conduciendo a la extinción de su propia especie.

Desde hace más de un siglo, a partir de la revolución industrial, nuestro modelo económico y de vida se ha sustentado en ir siempre a más: más producción, más consumo, más cuota de mercado, más mercado. Una sociedad en vías de desarrollo, en continuo progreso, tenía que pasar por todas estas fases con buen ritmo y sin mirar a los lados, siempre hacia adelante, sin importar qué consecuencias traía de la mano este crecimiento desmedido y entendido como progreso. Hasta hoy.

El último informe del grupo de expertos de la ONU IPCC[2] es concluyente: la intervención humana ha calentado el planeta con consecuencias devastadoras e irreversibles durante siglos y, en muchos casos, desconocidas. Frente a esto, la industria textil es directamente culpable de la aceleración de la crisis climática al ser la segunda industria más contaminante del planeta.

El modelo de economía lineal en el que está asentada la industria textil arroja cifras de vértigo[3]:

- Actualmente fabricamos y consumimos un 60% más de ropa que hace 20 años, pero cada prenda se mantiene la mitad del tiempo en nuestro armario y, en promedio, el 40% nunca se usa (Comisión Económica UNECE, 2018).

- Cada año se consumen alrededor de 70 millones de toneladas de ropa.

- Se fabrican alrededor de 80.000 millones de prendas al año (*The Economist*) y alrededor de 20.000 millones de zapatos cada año (*FastFeetGrinded*).

- El promedio de tiempo en el que se usa una prenda de ropa antes de ser desechada ha disminuido en un 36% comparado a hace 15 años.

- Según la *International Fabricare Institute*, la vida media de una prenda de uso común es de entre 2 y 3 años.

- Si el consumo continúa a este ritmo actual, habrá tres veces menos recursos naturales necesarios para el año 2050 en comparación con los que se usaron en los 2000.

- Esta industria es el segundo mayor consumidor mundial de agua (UNECE, 2108).

- La industria de la moda es responsable del 8% de las emisiones de CO2 globales *("Measuring Fashion"* de *Quantis & Climate Works Foundation*).

- Si nada cambia, en 2050 la industria de la moda utilizará un 25% del presupuesto de carbono del que disponemos.

En el 2013, el colapso del edificio Rana Plaza en Bangladesh, donde fallecieron más de 1.100 personas, posteriormente, la campaña *Detox* de Greenpeace y, por último, la publicación del libro *Overdressed* de Elizabeth L. Cline, desenmascararon a una industria textil tremendamente dañina y voraz para el planeta y para las personas que lo habitan.

Ese año saltaron todas las alarmas y la opinión pública empezó a cuestionarse qué tipo de industria estábamos favoreciendo. Prácticas que hasta entonces habían permanecido ocultas salieron a la luz y esto supuso una crisis de reputación gravísima para el sector.

De nada sirvieron, para frenar esta escalada de producción y consumo, los Pactos como el de Roma, ya hace cincuenta años, o el Pacto de la Moda a finales del 2019, ni Cumbres de Kioto o de París. Ha sido la propia naturaleza y sus procesos biológicos y atmosféricos, quien ha puesto las cartas sobre la mesa y nos ha dado un tremendo toque de atención cuando, en marzo del 2020, de repente el mundo se paralizó, forzado por una pandemia globalizada. La reducción drástica de la contaminación a la que asistimos en los meses de confinamiento, como si se tratase de un ensayo general de lo que podría ser una sociedad descarbonizada, nos hizo ver con nitidez la necesidad de abordar cambios profundos.

En el caso de la industria de la moda, se volvió la mirada hacia la moda sostenible, circular y regenerativa. Y resultó que no era tan difícil encontrar buenos ejemplos de ella, y más cerca de lo que imaginábamos. Por ejemplo, todas estas pequeñas iniciativas de las que en este libro estamos encontrando buena muestra.

Partiendo de la premisa de que tenemos ropa fabricada para vestirnos durante décadas, el siguiente paso es decidir cuándo, dónde y a quién adquirir nuevas prendas, pero, sobre todo, cómo ha de ser esta ropa. Se trata de un ejercicio de inteligencia colectiva, que nos pide ser muy generosos a la hora de modificar nuestros hábitos diarios en este sentido.

Modistas, pequeños talleres, diseñadoras emergentes, tienen que pasar al primer plano, convertirse en protagonistas y en nuestra primera opción a la hora de vestirnos.

Esto supone un cambio radical en la manera en la que vestimos y fabricamos ropa. Supone ser muy conscientes del tremendo impacto que tiene la industria textil, segunda más contaminante del mundo y con tremendas irregularidades laborales y sociales, y trabajar día a día para transformarla y erradicar el daño que ha hecho a nuestro planeta.

La moda que yo represento lucha contra todo esto y ahora da un paso más: ya no solo buscamos ser sostenibles o éticos, sino que queremos regenerar, curar el daño causado al planeta, suelos, mares, aire, tan tremendamente dañados por la intervención humana, y por su modo voraz de consumir ropa.

Resulta imprescindible también identificar las buenas prácticas de las que no lo son, esto es: aislar el *greenwashing* en favor de toda aquella ropa que nos ofrece completas garantías de procedencia y producción, donde su trazabilidad y transparencia están fiablemente contrastadas. Cuando se trabaja con coherencia, no hay nunca impedimentos para acceder a esta información, e incluso nos la ofrecen antes de pedirla.

El *greenwashing* parece un tema baladí, o incluso algo inocente, y no lo es en absoluto. La tendencia de numerosas marcas queriendo apropiarse de la palabra sostenibilidad o términos como *slow* o *green*, generan tanta confusión en el consumidor, que estos llegan a sentirse completamente desconcertados, al creer estar haciendo una buena compra comprometida y descubrir que no ha sido así, lo que trae tremendas consecuencias para quien sí lo hace bien dentro del sector, y que además puede demostrarlo, al verse metidos todos en el mismo saco.

A comienzos del 2020, el Informe *Screening of websites for 'greenwashing'* (4) puso en evidencia esta práctica y presentó datos reveladores:

- ◆ Además, en el 59% de los casos, el comerciante no había proporcionado pruebas fácilmente accesibles para respaldar su afirmación.

- ◆ En el 37% de los casos, la afirmación incluía declaraciones vagas y generales como "consciente", "ecológico", "sostenible", que tenían como objetivo transmitir la impresión infundada a los consumidores de que un producto no tenía un impacto negativo en el medio ambiente.

Esto implica que, como ciudadanos conscientes y preocupados, como consumidores diarios, tenemos que afinar nuestro radar y ser muchísimo más exigentes con nuestras elecciones del día a día. De este modo, impulsar al sector hacia la transparencia y las buenas prácticas. Cada vez que hacemos una compra, estamos decidiendo en qué clase de sociedad queremos vivir y a quiénes queremos apoyar en este proceso.

La moda emergente, en todos sus casos, se trata de proyectos con nombre y apellidos, con unos objetivos claros y con un compromiso local demostrable. Saber quién ha hecho nuestra ropa y tener la garantía de que favorecemos el bienestar local y su crecimiento hacia la economía verde es gratificante y, a largo plazo, transformador.

No obstante, trabajar en cercanía, aunque reduce los impactos, ya no es suficiente. En lo referente a la aplicación de la economía circular en la industria textil, queda un largo recorrido por delante, dado que nos enfrentamos a un problema tremendamente complejo.

Responder a cómo reciclar la ropa no puede venir sin una mirada muy profunda a nuestro problema colectivo con la ropa y los problemas masivos que acompañan al reciclaje de textiles.

Solo el 0,1% de toda la ropa recolectada por organizaciones benéficas y programas de devolución se recicla en nueva fibra textil.

Hasta el momento, no existe un proceso innovador lo suficientemente eficaz que dé solución a la gestión del residuo textil.

Según la consultora McKinsey[5], cuando se trata de deshacerse de la ropa, las tecnologías actuales no pueden convertir de manera confiable la ropa no deseada en fibras que podrían usarse para fabricar nuevos productos. Los métodos de reciclaje, como la trituración o la digestión química funcionan mal, agravado por la mezcla de distintos materiales en un mismo tejido, como algodón y poliéster, lo que hace dificilísimo su separación para nuevos usos.

No hay mercados lo suficientemente grandes como para absorber el volumen de material que vendría del reciclaje de ropa. Como resultado, por cada 5 prendas producidas, el equivalente a 3 terminan en un vertedero o se incineran cada año.

La ropa, a menudo, se envía a mercados masivos de segunda mano, en países en desarrollo donde puede ser reciclada o revendida, pero es más probable que termine asfixiando los vertederos locales y los espacios verdes.

Por ello, hasta que encontremos las soluciones eficaces y una vez que seamos conocedores de esta realidad ¿qué podemos hacer?

Pues podemos ser muy eficaces, individual y colectivamente, si reducimos el consumo, si primamos a las pequeñas marcas locales, si alargamos la vida útil de nuestras prendas, lavando y planchando menos, si nos preocupamos en rehacer nuestra ropa en nuevas prendas con técnicas de *upcycling*, también donándola a quien sabemos que le podrá dar una segunda vida y que hará un uso eficaz de los tejidos, en definitiva, investigar de qué manera no acabará siendo un objeto más en el vertedero, contaminando el suelo y emitiendo gases a la atmósfera.

Circularizar la moda es un reto colectivo en el que cada acción individual cuenta.

Tenemos que asumir que la sociedad civil siempre ha ido un paso por delante de las instituciones, marcando el camino. A las instituciones siempre les cuesta reaccionar y además están muy condicionadas por todos los intereses creados con las grandes multinacionales. Necesitamos, además, identificar ese quiero y no puedo, ese querer ser sostenibles para luego, llevados por la inercia, replicar los mismos procesos de siempre, los cuales ya ha quedado demostrado que se han quedado obsoletos. No podemos aplicar las mismas soluciones a problemas que ya requieren un modelo disruptivo y valiente para afrontar y frenar el cambio climático.

Tenemos que quitarnos de encima muchos estereotipos, reinventar la manera en que vestimos y en la que nos presentamos ante los demás. En nuestra mano está romper con la necesidad constante de estrenar ropa (que tanto daño hace al medioambiente), romper con la carga de seguir las tendencias, beneficiando un modo propio y único de vestir.

En el momento de renovar el armario, antes de adquirir una nueva prenda, tenemos que plantearnos su necesidad real y, al adquirirla, exigir todas las garantías de que ha causado el menor daño posible al medioambiente y a las personas, porque al hacerlo estaremos pidiendo moda sostenible.

Con este simple gesto, estamos impulsando y apoyando a que cada vez más gente se anime a trabajar en un modelo de bajo impacto, sostenible, regenerativo, y además, garantizando que las generaciones venideras puedan tener un futuro más alentador del que ahora mismo se plantea. Estamos trabajando para que puedan disfrutar de nuestro maravilloso planeta tal y como lo hemos conocido.

Fuentes:

[1] http://comunidadtextil.com/wpnews/2021/07/la-moda-rapida-es-veneno-para-el-planeta-dijo-la-nueva-titular-de-la-comision-europea/

[2] https://www.ipcc.ch/report/sixth-assessment-report-working-group-i/

[3] https://www.esterxicota.com/estadisticas-moda-sostenible/

[4] https://ec.europa.eu/cyprus/news_20210128_2_en

[5] Style that's sustainable: A new fast-fashion formula | McKinsey

Paloma G. López es CEO Fundadora de *The Circular Project*, un proyecto integral de moda sostenible que se enmarca dentro de la economía del bien común y el *Triple Balance*, que va más allá del simple acto de comercializar moda. A su vez, es presidenta de la Asociación Española para la Sostenibilidad, la Innovación y la Circularidad en Moda, agrupación nacida con la intención de crear las condiciones que ayuden a las nuevas marcas a afianzarse y crecer. Es también embajadora de SANNAS, Empresas por el *Triple Balance*.

Fue seleccionada como líder en la I Cumbre para la Innovación Tecnológica y Economía Circular por la *Advanced Leadership Foundation* y ejerce como *Advisor* en la plataforma *HumanNation*.

En octubre de 2018 recibió el Premio a las Buenas Prácticas en la categoría de Cadena de Valor, que concede la Fundación Cepaim en colaboración con el Ayuntamiento de Madrid.

En septiembre de 2019, asumió la dirección de la Circular *Sustainable Fashion Week Madrid,* que muestra de un modo inclusivo, ecléctico y lleno de creatividad, que otro modo de vestir más consciente y sostenible es posible, y garantiza por primera vez una pasarela Cero Emisiones.

Impulsora del proyecto europeo *CirCoAx by CircularInnoBooster*, consorcio europeo seleccionado por los Fondos Cosme para el impulso de la Economía Circular en la industria textil y que ha echado a andar a comienzos del 2021.

Colaboradora habitual con distintas universidades nacionales e internacionales como la Universidad de Nebrija, donde forma parte de su Consejo Asesor, el IED, Instituto

Europeo de Diseño, Observatorio de Moda Ética y Sostenible, o la Universidad Carlos III. Profesora homologada en la Escuela de Organización Industrial EOI, donde colabora como experta en Moda Sostenible y Circular. Colaboradora habitual con las Universidades que integra EUSA.

Miembro del Observatorio de Moda Ética y Sostenible impulsado desde el IED, Grupo Zeta y Agencia HEY.

También dirige la Escuela TCP, donde no sólo se habla de los principios de la moda sostenible y circular, sino que se dota a las alumnas de las herramientas para ser motores del cambio con proyectos disruptores que transformen el panorama empresarial.

Capítulo 5
Marcas abanderadas por la sostenibilidad

Cada año se producen 100.000 millones de prendas en todo el mundo. Consumir mucho y desechar rápido es la base de modelo del Fast Fashion, que ha imperado en la industria de la moda desde principios de siglo y que ahora está en entredicho. Los recursos de la Tierra son finitos, pero la población no deja de crecer, y el modelo tiene unas implicaciones sociales y medioambientales que en la última década se han expuesto por primera vez con nombres y apellidos. Es esta doble crisis, de recursos y de reputación, la que, en los últimos diez años, ha colocado en la agenda estratégica de los titanes del sector un término, hasta entonces, reservado a marcas de nicho o a memorias de RSC: la sostenibilidad.

No es una cuestión ética, sino de supervivencia: la moda será sostenible o no será.

Fuente: modaes.es

Es obvio que la sostenibilidad no se cuestiona. No habrá futuro para los proyectos de moda no sostenibles.

No es una tendencia, es una necesidad.

Perfil Experto – Carmen Cárceles

Asesora Experta en Sostenibilidad aplicada a pymes.

He tenido la suerte de cruzarme con Carmen en mi camino como emprendedora. Desde su experiencia y la pasión por su trabajo, me ha ayudado a implantar de una manera correcta la sostenibilidad en mi negocio. Se debería activar en todos los proyectos de moda emergente. Eso es algo con lo que estoy totalmente de acuerdo. Pensamos que somos sostenibles y, sin darnos cuenta, fallamos en muchos aspectos fundamentales.

En este capítulo, Carmen nos explica por qué es fundamental aplicar la sostenibilidad a nuestra marca.

Carmen Cárceles

@sosteniblizate

Tras más de cinco años trabajando como técnico de Medioambiente y RSC en empresas como Gonvarri, Gestamp y la ONCE, Carmen Cárceles funda Sosteniblízate. Una consultora especializada en sostenibilidad.

En estos últimos dos años ha ayudado a pequeñas empresas a implantar las bases del desarrollo sostenible en su ADN. Además, es la creadora del Sello Sosteniblízate: una herramienta que permite evaluar, de manera objetiva y cuantitativa, el grado de cumplimiento de la sostenibilidad de una empresa o marca, a través de sus más de 180 indicadores. Su blog tiene un recorrido de más de seis años divulgando sobre ciencia, medioambiente, responsabilidad social corporativa y vida consciente.

Su formación técnica y su preocupación por el desarrollo sostenible, le permiten tener una visión global de la sostenibilidad desde los fundamentos científicos hasta la divulgación.

Reflexión de la sostenibilidad como pilar indiscutible en la construcción y activación de una marca emergente.

Para poder entender qué es la sostenibilidad y cómo debe integrarse en una pequeña empresa, empezaremos hablando de relaciones personales.

Cuántas veces has escuchado la frase: "los amigos y la pareja se eligen, la familia viene impuesta".

Toma como referencia esta expresión, párate un segundo a pensar y formúlate las siguientes preguntas:

¿Qué valores debe tener una persona para que conecte conmigo?

¿Cómo debe comportarse para que se convierta en mi amiga o en mi compañero de vida?

Las respuestas a estas preguntas te darán la clave para implantar la sostenibilidad en tu marca.

Cada persona, en función de su genética y educación, y de los avatares de la vida, establece de manera inconsciente unos ideales que condicionan cómo y con quién se relaciona.

Si para ti es importante la fidelidad, la valentía, el trabajo y la sinceridad, tu marca deberá tener todos estos atributos para estar en línea contigo y poder transmitirlo a todos tus grupos de interés, que te elegirán a ti de la misma forma que tú has elegido a tus amigos. Cada uno de los grupos de interés que tienen relación con tu marca (clientes, colaboradores, proveedores, prensa, administraciones públicas...) deben pensar en ti como ese amigo al que siempre acudes para lo bueno y para lo malo.

Una marca sostenible es consecuente con sus valores y sus patrones de comportamiento.

Además de los valores, es fundamental tener presente que cualquier ser humano, para poder llevar una vida plena, debe tener cubiertas, por un lado, las necesidades fisiológicas (alimentación, salud, descanso…) y las necesidades de seguridad (vivienda, empleo, dinero…), y, por otro lado, las necesidades sociales (desarrollo afectivo, asociación, afecto…), las necesidades de autoestima (aceptación, respeto, confianza…) y la auto realización (fuente matriz de Manfred Max- Neef). Para que una marca sostenible sobreviva y prospere, debe tener cubiertas todas estas premisas.

La sostenibilidad para una marca emergente debe ser una forma de vida, no una política a mostrar en una página web. Además, está relacionada con el plan de negocio, el plan de *marketing* y las campañas en las redes sociales.

Debe ser implantada como parte de la esencia de la marca, y saber desarrollarla de acuerdo con los valores que, para ti, son fundamentales.

Los aspectos económicos de la sostenibilidad tienen que estar incluidos en la gestión integral de la marca, implementando acciones que te permitan ser más rentable y productivo.

El aspecto social debe establecerse como principio básico de actuación con clientes, empleados, proveedores… donde el principio del bien común esté por encima de todo.

El aspecto medioambiental, siendo el más conocido, es el peor interpretado. El cuidado del medioambiente no radica en consumir de igual manera, pero eco, sino en consumir con cabeza, con consciencia y buscando alargar la vida de los productos.

La sostenibilidad está en todas partes, y si consigues identificarla e integrarla en tu marca, el éxito está asegurado.

Capítulo 6
En primera persona: Proyectos y Almas

No se me ocurre mejor manera que dedicar este último capítulo a las protagonistas. Marcas que enriquecen y dan sentido a mi trabajo. Testimonios de proyectos que he visto crecer, evolucionar y luchar. Desde sus experiencias, visiones y aprendizajes, nos narran en primera persona la realidad del camino para una marca de moda emergente. Admiro su valentía, su energía y su sed de cambio.

Grandes proyectos y grandes almas.

Amy Valentine

@avasan_

Fotografía de @cristinacalatrava.photo

AVASAN es una marca de lujo que celebra la sostenibilidad y el amor a través de colecciones exclusivas que son, a la vez, minimalistas y contemporáneas. Con un *ethos* que combina el espíritu alegre de España con el estilo sofisticado y *urban-chic* de Japón, las prendas representan un *collage* textil que evoca el respeto y la armonía entre diferentes civilizaciones.

AVASAN colabora e interactúa con otros artistas que promueven la moda de calidad y el respeto al medio ambiente.

La historia de AVASAN comenzó tras un punto de inflexión en mi vida. Volví al diseño después de muchos años dedicados al arte y al teatro. Empecé a trabajar en un taller de reinserción social para mujeres, donde contacté con una abogada ambientalista y amante de la moda.

Juntas pensamos en AVASAN, cuyo nombre incluye "*san*", un concepto japonés de respeto hacia las personas y el medio ambiente. Así, establecimos los principios y objetivos de la marca que fundé un año después.

Cuando empiezas una marca de moda todo es un reto. Voy superando cada obstáculo, uno a uno, con trabajo, perseverancia y mucha ilusión por lo que hago. Me encanta mi trabajo.

Compartir y colaborar con artistas como Araceli García y formar parte de las comunidades sostenibles ha sido un gran apoyo a nivel profesional y personal. Tener una "familia sostenible" ha sido un plus en cada paso del camino.

El salto de diseñadora artesana a emprendedora lo he dado de la mano de Nuria; ella ha sido la persona más cercana de mi familia sostenible que me ha apoyado desde que presenté AVASAN, en MOMAD de 2017. Nos conocimos por una de esas "no casualidades" que nos regala la vida cuando lanzamos nuestros sueños al mundo.

Como creativa, enfrentarme al mundo del *retail* era mi gran reto. ¿Cómo llegar a mi público potencial? He tenido la suerte de aprender poco a poco con Nuria. Creo que es muy complicado emprender sola, son muchos oficios los que hay que conocer para lanzar y mantener una casa de moda. Hay que ir encontrando los proveedores y profesionales de la cadena completa a base de prueba y error, y encontrar a alguien que crea en tu proyecto, se tome el tiempo de conocerte, entender la marca que proyectas y tenga la perseverancia de apoyarla en su proceso de crecimiento. Todo esto es esencial, y encontrarlo a la primera es un regalo.

Sé sostenible, sé fiel a tus ideas, persevera y persevera.

Nos enfrentamos a muchos problemas medioambientales y creo que diseñar y producir moda sostenible de calidad ayuda a cambiar la percepción de la ropa. De ser un artículo desechable a ser un producto duradero. Para mí, hay algo muy satisfactorio en comprar éticamente y es que me siento empoderada sabiendo que los pequeños cambios que estamos haciendo son una acción que puede llevar a un cambio de paradigma.

Isidora Molina y Andrea Frindt

@alayandco_

Somos dos chilenas, Andrea Frindt e Isidora Molina, fundadoras de la marca sostenible española ALAY & CO. Moda de estilo minimalista, versátil y atemporal, que nació con el objetivo de contribuir al mundo y a la humanidad.

Andrea Frindt

Dice la Real Academia de la Lengua Española que emprender es "acometer y comenzar una obra, un negocio o un empeño, especialmente si encierran dificultad o peligro".

De mis 35 años de experiencia como empresaria en el área agrícola, industrial, inmobiliario y retail, esta frase no se puede ajustar mejor a lo que significa emprender. Encierra dificultad o peligro, porque emprender es hacer algo desconocido, diferente y único.

Consejos: lo que juega en contra es la ansiedad, el miedo, la inmediatez y el ego. Déjate guiar por tu instinto. Sé único o única y crea algo que te diferencie del resto. Y no solo pienses en la recompensa como una remuneración, piensa en lo que aprendiste y en lo que entregaste a otros.

Considero a Nuria una gran mujer. Es clara, sabe lo que hace y deslumbra con su calidad humana.

Nuria, podría escribir mil palabras que te definieran, pero lo resumiré en un «Gracias a Dios por ponerte en nuestro camino». Empezamos juntas en un negocio, hoy somos una familia. Sigue sembrando, sigue adelante, ¡el universo te espera!

Isidora Molina

Soy emprendedora de alma, siempre había querido tener mi empresa y diseñar mis propias colecciones por dos simples razones: en primer lugar, porque es mi pasión y en segundo lugar, porque es un tremendo desafío. Es muy bonito el camino del emprendimiento, siempre y cuando se tenga paciencia y confianza. Soy una convencida de que ambas prácticas te llevan al éxito.

Pocas veces me ha tocado trabajar junto a una mujer tan talentosa como Nuria. Lo que le preguntes, ella lo sabe, y si no, lo averigua, pero siempre tiene una respuesta acertada. Eficiente, con mucho conocimiento y pasión por lo que hace. Desde que trabajamos con ella hemos dado un salto gigante al éxito.

Gracias Nuria por ser un pilar fundamental en Alay. Desde que llegaste, hemos tenido cambios radicales y muy positivos.

Cristina Morena

@pinkstar_es

Soy una enamorada del diseño, la moda y la belleza. Mi trayectoria profesional, ligada al planeamiento y ejecución de proyectos durante más de 15 años, me ha impulsado a lanzar mi propia firma: Pinkstar, mi gran proyecto y mi sueño.

He trabajado en diferentes universidades y escuelas de negocios como coordinadora y project manager. Formación que, junto a mi pasión y experiencia de vida, he trasladado a Pinkstar.

En casa todos somos conscientes del proyecto *Pinkstar*. Es vital el apoyo del núcleo familiar, porque emprender siempre va a limitar tu tiempo e, inevitablemente, va a repercutir en el día a día de las rutinas familiares.

La planificación y el orden te ayudarán a tomar conciencia de lo imprescindible, de lo importante, y a identificar esas tareas que puedes delegar o incluso apartar. El tiempo se va a convertir en uno de tus tesoros más preciados, es limitado y debes planificarlo bien, dónde, cómo, y con quién invertirlo.

Emprender suena bonito, y lo es. Tiene una parte muy gratificante, pero debes aprender a batallar con la incertidumbre, el miedo, la frustración y la soledad. Es una lucha que va a exigir lo mejor de ti. Un esfuerzo constante y diario. Un aprendizaje continuo de éxitos y fracasos. Cumplir un sueño no es tarea fácil, pero puedes lograrlo.

Y aquí llega la pregunta del millón: ¿cómo se construye un sueño?

Primero, debes tenerlo. Tienes que identificar esa pasión que te hace vibrar, que hace que lo ordinario de tu día a día se convierta en extraordinario y, si lo tienes, sin duda ¡lánzate!

En una primera fase, organiza tu proyecto; qué quieres hacer, cómo lo quieres hacer, qué vas a necesitar, quiénes van a formar parte de tu proyecto. Define tiempos, costes y recursos para las diferentes tareas... Si defines bien tu proyecto, reducirás las sorpresas una vez lo pongas en marcha.

Listo el estudio, toca la salida al mercado. Aquí vuelven

a surgir muchas dudas; ¿cómo lo hago? ¿quién es mi competencia? ¿cómo me diferencio? ¿cómo muestro mi valor? ¿qué publicidad es buena?, ¿*influencers*?, ¿prensa?, ¿tienda propia?, ¿*retail*? ... Surgieron un sin fin de preguntas, que ordené en fases y me puse a completar organizadamente.

Investigué y pedí ayuda a profesionales; la formación y acompañamiento es muy importante para lograr el éxito de tu proyecto.

Y es en este aspecto vital donde quiero hacer mención especial a Nuria Neira. Una profesional comprometida, con un alto nivel de rendimiento, gran comunicadora y con una implicación y atención máxima en el proyecto. Con Nuria dejarás de sentirte sola.

La figura de Nuria ha sido vital para esclarecer dudas, para poner en marcha el proyecto y sentirme arropada. Nuria ha dado oxígeno a *Pinkstar*. Sin duda, su trabajo hace que emprendedores y marcas emergentes tengamos la oportunidad de establecer sinergias y visibilidad.

Nuria ha dado vida a *Pinkstar*.

Cristina Sopo
@thenordicleaves

Mi nombre es Cristina Sopo, soy psicóloga, *coach* y fundadora de la marca *The Nordic Leaves*. Durante los últimos 15 años he desempeñado mi actividad en el área de personas de diferentes multinacionales. Especializada en la formación de habilidades directivas y comunicación de equipos. Actualmente acompaño a personas en su desarrollo personal y profesional, en alineación con su bienestar.

The Nordic Leaves nació de mi pasión por la costura, inculcada por mi madre, quien trabajaba como modista desde casa para diferentes firmas de moda. Así que, de la combinación de pasión por la moda, la sostenibilidad y el bienestar personal, empezó a tomar forma un espacio para desarrollar mi creatividad, que finalmente ha resultado en una marca de *Lifestyle* que promueve dichos valores.

Como concepto, la marca se aleja de la moda al uso apostando por escapar a las tendencias, cuidar el patronaje y diseñar ofreciendo prendas con líneas minimalistas que favorezcan la funcionalidad y priorizando el bienestar de quienes las habitan.

Desde la experiencia en la creación de *The Nordic Leaves* durante estos años, destacaría cuatro recomendaciones que, para mí, han sido los más valiosos aprendizajes:

1. Crea colecciones que puedas sostener económicamente.

2. Estudia muy bien los proveedores, talleres, tejidos y materiales. Tu producto y su calidad son el reflejo de tu marca y sello de transparencia, clave para el desarrollo de una marca de moda sostenible:

3. Trabaja muy bien los cimientos de tu marca.

4. Alíate con personas que puedan sumar a tu marca, de esta manera podrás ampliar la visión que tienes y, además, desarrollar nuevas oportunidades que por ti mismo no podrías cubrir.

Desde mi experiencia acompañando a personas que emprenden proyectos de nueva creación, puedo destacar cuatro aspectos claves y fundamentales para ganar en autoría, seguridad y crecimiento personal:

1. Construye una visión sólida de tu proyecto en relación con tu vida y el estilo de vida que quieres te-

ner. Aunque puede parecer relativamente sencillo a la hora de crear un proyecto o marca, en ocasiones, partimos de un sueño, algo que anhelamos y que conceptualizamos sólo desde la percepción que tenemos, de lo que queremos hacer visto desde fuera. Trabajar una visión consiste en convertir ese sueño en una visión accionable, realista y accesible.

Por supuesto, no se trata de definir una hoja de ruta fija, todo lo contrario, ha de estar basada en un reto que sea revisable y que nos permita adaptarnos a nuestras necesidades y a las del mercado.

2. El segundo aspecto es trabajar tu desarrollo personal y profesional desde el principio y alineado a la "magnitud" del reto que hayamos trabajado en nuestra visión. Siendo aquí el punto de partida, trabajar tu autoconocimiento. Reconocer fortalezas, áreas de mejora, puntos ciegos que hoy no estamos viendo de nosotros mismos, y alinear muy bien este trabajo interior a las necesidades del perfil que necesitarás desarrollar para asumir los retos trabajados en la visión.

3. Trabaja tu capacidad de *networking* con visión. El *networking* bien aplicado es una gran oportunidad para generar sinergias y oportunidades para tu proyecto. Pero, a la vez, es un ejercicio extraordinario que no sólo será positivo para tu proyecto, si no también para ti. El formar parte de una "tribu", o estar bien conectado con personas del sector, te permitirá vivir este viaje más acompañado, poder contrastar dudas o inquietudes, e incluso poder compartir momentos complicados en los que el apoyo y el cariño sean fundamentales para superar

ciertos obstáculos.

4. Detecta qué te aporta energía. Liderar un proyecto de emprendimiento requiere de una actitud positiva que nos oriente a la acción y, además, nos permita relacionarnos fácilmente con el entorno. Con este aporte de energía me refiero a la parte más interna, en la que nos cuestionemos qué es lo que realmente nos carga de energía y nos orientemos a ello, trabajando desde escoger relaciones positivas, hasta una alimentación consciente que nos aporte suficientes nutrientes como para estar y sentirnos bien.

En definitiva y como conclusión, mira de manera muy clara a tu faro y pon toda tu energía allí, cuidando y mimando en todo momento tu energía para que las cosas pasen. Si en algún momento necesitas ayuda, déjate acompañar y hacer posible aquello en lo que crees y en lo que tienes un talento genuino, ya que en ocasiones el estrés, una situación personal complicada o una mala colección, pueden llevarnos a perder foco. Si algo es importante en el emprendimiento, es tener esta capacidad de volver siempre a poner foco, un foco que igual va cambiando, pero que nos alumbra con fuerza.

Conocí a Nuria cuando la marca estaba lista para dar un paso más, para saltar al mercado del *retail*. Su figura, para mí, ha sido lo más equiparable a incorporar un *Retail Manager* a *The Nordic Leaves*.

Su conocimiento en el sector y su visión sobre la moda sostenible, hacen de ella una aliada perfecta para leer y enfocar las tendencias en el mercado. Su alta implicación, así como su conocimiento, han permitido, además de que podamos reflexionar juntas, generar sinergias positivas para la marca. Cabe destacar un aspecto que me parece clave a nivel de crecimiento de la marca, que es poder transitar la evolución de la marca acompañada y asesorada, haciendo posible que yo pudiera centrarme más en lo que era la creación de la marca en sí.

Sin duda, Nuria ha sido clave para poder pasar a un siguiente nivel con *The Nordic Leaves*, dando pasos en firme.

María Bravo

@mrbravo.es

M.R BRAVO es una marca de moda mujer creada por mí, María Bravo. Después de seis años viviendo en Inglaterra, y tras graduarme en Diseño de Moda en la Universidad de las Artes Creativas (UCA) de Rochester, la marca se traslada a Fuengirola, mi ciudad natal.

M.R BRAVO ofrece diseños atrevidos para mujeres con una personalidad creativa y divertida.

Mis prendas se inspiran en la representación femenina presente en el arte, cine y cultura, además de en el traba-

jo y la vida de mujeres artistas.

Yo misma realizo todo el proceso tanto creativo como técnico, en mi taller de Málaga. Todos los tejidos se compran a proveedores sostenibles locales y europeos.

Casar un consumo sostenible con un estilo de vida divertido fue el primer objetivo que me marqué a la hora de crear mi proyecto M.R BRAVO. Un estilo lleno de color con prendas diseñadas para mujeres que ríen.

Llevar a cabo mi proyecto me ha ayudado a conocer mejor el sector de la moda y todas las áreas que engloba. El emprendimiento me ha permitido explorar mi creatividad y mis habilidades más allá del diseño.

Mi mejor consejo para cualquier marca que emprende sería rodearse de profesionales del sector. En nuestro país, tenemos la suerte de contar con gente con una trayectoria y talento impresionante en cada área de la moda. Emprender no es un viaje en solitario y encontrar colaboradores que te acompañen, es primordial.

Ha sido precisamente el trabajo en equipo con Nuria lo que me ha permitido desarrollar y comercializar M.R BRAVO. Hemos trabajado mi mensaje e imagen de marca, dándole vida a una propuesta con valores respetuosos y estilo sofisticado. Me ha guiado a la hora de crear una estrategia de ventas y una red de distribución en tiendas físicas y online a nivel nacional e internacional. Hemos analizado y evaluado resultados para así poder perfeccionar la propuesta de mi marca pero, sobre todo, me ha aportado apoyo y tranquilidad a la hora de afrontar áreas del negocio que, hasta ese entonces, eran un absoluto misterio para mí.

Inma Milán y Fabiola Milán

@singularsisters

Somos Inma y Fabiola, hermanas y creadoras de Singular Sisters. De formación autodidacta trabajamos de forma muy intuitiva, en un proceso donde el material y la técnica van de la mano. Creamos y producimos nuestros propios diseños, camino en el que nos implicamos de principio a fin.

La magia de la naturaleza y el arte primitivo nos inspiran para crear piezas espontáneas que buscan la diferencia, poniendo en valor el trabajo artesanal, un consumo consciente y cercano.

Inma Milán

Emprender, en mi caso, ha sido un camino de crecimiento personal.

Dejar mi propio negocio, en el que llevaba 20 años, y con el que ya no me identificaba, y traspasar el umbral para dedicarme a tiempo completo a *Singular Sisters*, fue darme una oportunidad. Vivir mi vida y no la de otros.

Inicié este camino con pocos recursos, dedicándole muchas horas y aprendiendo todo lo que necesitaba el proyecto. Redes sociales, fotografía, *marketing*, creación de web, *networking*, formación técnica, etc.

Había tanto por hacer que ahora miro hacia atrás y sé que no hubiera sido posible sin el apoyo de mi marido, familia y, sobre todo, de mi hermana Fabiola que me acompaña en este proyecto.

Recuerdo los primeros meses, en los que trabajaba con horario y disciplina, como si tuviera "miles" de encargos y ventas. Cada día era un acto de fe. Ahora sé que ese fue mi mejor recurso.

Para ti, que estas empezando, te diría que confíes en tu idea; dedícale tiempo, no dejes de formarte y rodéate de personas que te enriquezcan.

Trabajar con Nuria ha supuesto un crecimiento constante para nuestra marca.

Generosa, profesional y comprometida con su trabajo. A su lado, hemos aprendido y comprendido el complejo mundo de los puntos de venta.

A su lado, nos sentimos acompañadas. Siempre está dispuesta a guiarnos y resolver nuestras dudas cuando estas aparecen.

Historia de una portada

Desde que empecé a gestar la idea de escribir este libro, tenía muy claro que quería una portada especial, de esas que nos invitan a explorar.

No barajé entre varias opciones, solo hubo una: Araceli García. Nadie mejor que ella para transmitir en una portada la esencia de la moda emergente. Además de mi profunda admiración por su obra artística, el hecho de trabajar juntas desde hace algunos años y, por consiguiente, conocernos muy bien la una a la otra, hizo que mi decisión fuese unánime.

Siempre digo que las acuarelas de Araceli me hablan y me cuentan historias increíbles que dejan volar mi imaginación. Sensibles, femeninas, románticas, poderosas... Así son sus protagonistas.

Con Araceli García, el día que descubrí la portada

@araceligarcia.r

Fotografía de Icíar Santana @is_focus

Su obra te traslada hacia un descubrimiento personal y emocional, a través de la acuarela abstracta, la experimentación con otros materiales y la sinestesia de los colores.

Araceli García

Araceli García es una artista plástica granadina. Después de pasar toda su vida pintando, descubre en el arte una manera de reflejar las conexiones que existen entre el ser humano y la naturaleza. Apoyada por otras artes, encuentra vínculos entre la poesía, la danza y el cine para nutrir su obra plástica.

De ahí que siempre busque integrar la pintura con una historia simbólica que cuenta el mensaje a transmitir.

Desde hace cinco años, integra su pintura expresionista con el mundo de la moda para llevar el arte a otros soportes. Desarrolla la idea de que el arte está vivo haciendo que conviva con las personas, y defiende la idea de sacar el arte de las cuatro paredes para llevarlo contigo, en cada prenda, donde la persona pueda disfrutarlo.

Su pintura es emocional, centrada en grandes aguadas que recuerdan a la acuarela o la tinta china. O veladuras envolventes del óleo. Las pinceladas recorren caminos a través de las costuras y la obra pasa a ser una pintura en tres dimensiones.

Araceli colabora con marcas de moda creando colecciones cápsula de piezas únicas, entre ellas, la marca Avasan con la que tiene cuatro colecciones en el mercado.

Además, tiene su propia marca de bolsos

@araceligarcia_bags

Araceli García (2021), concluyó: La portada se pensó en base a varios conceptos. El primero, es que debía reflejar la idea de marcas emergentes, alternativas y originales. De ahí que el vestuario que se le coloca al figurín sea con formas contemporáneas, curvas, pliegues y rectas.

En su construcción, pensé que la figura debía tener una trayectoria de movimiento leve en torno al torso, para generar la idea de evolución. Unas líneas internas de color le darían el símbolo de construcción. Una marca emergente siempre está en continuo crecimiento y reinvención, por lo que esta idea debía quedar muy latente.

El pelo al viento y de gran masa le daría a la imagen una sensación de progreso, la cabellera abundante, cerca de la cabeza y el mundo de las ideas, habla de creatividad y visión de futuro. Sus ojos también los coloqué con esa manera de mirar hacia delante, pero hacia un lugar lejano. Toda la obra en sí da una sensación de viento, que agita la ropa y los lazos, que mueve el pelo. Un viento que empuja hacia delante y nos hace caminar en la dirección que nuestro corazón siente. Los lazos están colocados en trayectorias diagonales, que acentúan esta sensación en la composición.

Los colores se fueron desencadenando armónicamente. Primero pensé en el amarillo del sol y el naranja, junto con un verde naturaleza y un azul profundo casi negro. Luego, el azul añil apareció para dar luz al cielo y el malva para encuadrar el marco de la figura y las prendas con un reflejo majestuoso.

Para la contraportada, algo simple que acompañase a la idea de naturaleza, un paisaje esquemático con hierba y agua. El entorno en el que quieren convivir las marcas del futuro, un entorno sostenible.

Agradecimientos

Este libro nunca hubiera sido posible sin el apoyo y participación de todos los colaboradores y perfiles expertos. Gracias infinitas.

Un inmenso agradecimiento a Álvaro Pérez, mi gran soporte profesional en esta nueva aventura. Gracias por hacer realidad este nuevo sueño.

A todos mis clientes y alumnos por confiar en mi trabajo y enseñanzas.

A mis padres por la educación y valores que me han transmitido. A toda mi familia y amigos por vuestro cariño e impulso, nunca estaré lo suficientemente agradecida.

A Erik por su apoyo incondicional, gracias por acompañarme en este camino llamado vida.

Gracias a toda mi familia animal, a los que se fueron y a los que están. Me hacéis muy feliz.

Por último, quiero dar las gracias a una persona fundamental en mi trayectoria profesional y personal: Paloma G. López. Gracias por creer en este libro, por escribir un prólogo de quitarse el sombrero y por compartir tu visión imprescindible de la moda actual y futura. Gracias por tus sabios consejos y por sacar siempre lo mejor de mí. Gracias, maestra de vida. Gracias por todo lo que aportas a este mundo.

Créditos de las fotografías

Introducción

- Imagen 1: https://www.lofficiel.com.ar/fashion-week/la-nueva-era-de-la-moda-asi-desfilo-dolce-gabbana-en-vivo-en-milan

Sobre la autora

- Imagen 1: Fotografía de Jorge Piñuela @jorgepinuela

Capítulo 1

- Imagen 1: https://destinonegocio.com/co/negocio-por-internet-co/emprender-negocios-emergentes-o-startups-la-decision-que-todo-emprendedor-debe-realizar/

- Imagen 2: http://digitalmarketingtrends.es/como-crear-una-marca-de-ropa/

- Imagen 3: http://florlu-micro.blogspot.com/2010/11/el-valor-de-un-producto-registrado.html

- Imagen 4: https://diferencias.eu/entre-moda-y-tendencia/

- Imagen 5: Cedida por Carmen Hummer

- Imagen 6: https://headtopics.com/es/stella-mccartney-tiene-4-consejos-de-moda-sostenible-para-consumidores-y-competidores-8683810

- Imagen 7: https://www.oleoshop.com/blog/segmentacion-de-clientes

- Imagen 8: https://www.emprendices.co/conquistando-el-corazon-del-cliente/

- Imagen 9: Unsplash @Alexas_Fotos

- Imagen 10: https://www.titonet.com/comunicacion/definiendo-los-territorios-de-marca.html

- Imagen 11: Cedida por Laura Esteban

- Imagen 12: https://camisetas-serigrafia.es/que-es-la-moda-sostenible-infografia/

- Imagen 13: Unsplash @pawel_czerwinski

- Imagen 14: https://blog.reparacion-vehiculos.es/estrategia-de-precios

- Imagen 15: https://thecircularproject.com/

- Imagen 16: Twitter ICEX

- Imagen 17: https://branward.com/branderstand/brand-experience-experiencia-de-marca-vivir-la-marca/

Capítulo 2

- Imagen 1: Cedida por Velvet BCN
- Imagen 2: Cedida por Picnic
- Imagen 3: Cedida por La Fulana
- Imagen 4: Cedida por GreenLifeStyle

Capítulo 3

- Imágenes 1,2,3,4: Cedidas por Ginger & Velvet

Capítulo 4

- Imagen 1: Cedida por Paloma G.López

Capítulo 5

- Imagen 1: https://encolombia.com/medio-ambiente/interes-a/moda-sostenible/
- Imagen 2: Cedida por Carmen Cárceles

Capítulo 6

- Imagen 1: Cedida por Avasan. Fotografía de Cristina Calatrava

- Imagen 2: Cedida por Alay & Co
- Imagen 3: Cedida por Pinkstar
- Imagen 4: Cedida por The Nordic Leaves
- Imagen 5: Cedida por María Bravo
- Imagen 6: Cedida por Singular Sisters

Historia de una portada

- Imagen 1: Fotografía de Icíar Santana

Bibliografía

Capítulo 1

- Marketing Fashion, Strategy, Branding and Promotion. Laurence King Publishing Ltd. Harriet Posner 2015

- Promoting Fashion Laurence King Publishing. Bárbara Graham y Caline Anouti 2018

Capítulo 5

- https://www.modaes.es/back-stage/objetivo-2020-la-decada-en-que-la-moda-asumio-que-debia-ser-sostenible.html

Printed in Poland
by Amazon Fulfillment
Poland Sp. z o.o., Wrocław